SF作家

小松左京の霊言

「日本沈没」を回避するシナリオ

大川隆法

Ryuho Okawa

まえがき

小松左京さんの「日本沈没」の映画が公開された一九七三年は、私の高校生時代であったが、戦後日本の高度成長の裏にある、破滅《はめつ》への助走も予感させられた頃であった。

二〇〇六年に「日本沈没」の映画のリメイク版がつくられた頃には、もはやＳＦでも冗談《じょうだん》でもない、「リアリティ」がそこにはあった。

国家の成功と失敗がうすいベニヤ板《いた》一枚で仕切られている。誰もがそんな予感を抱いていた。その後、米国発の「サブ・プライム危機」（世界恐慌《きょうこう》かと思われた）、北朝鮮の核ミサイル危機、中国の軍事大国化、二〇一一年三月の東日本大震災と、恐怖のシナリオが何重《なんじゅう》にも書ける事態が続いた。そんな中、幸福の科学は、国難《こくなん》を救おうと奮闘《ふんとう》はしているものの、国家と世界の「幸福」を産み出す苦しみは長く続いている。

本書により、一人でも多くの人が協力者として立ち上がってくれることを切望している。

二〇一五年　八月一日

幸福《こうふく》の科学《かがく》グループ創始者兼総裁《そうししゃけんそうさい》　大川隆法《おおかわりゅうほう》

ＳＦ作家　小松左京の霊言「日本沈没」を回避するシナリオ　目次

SF作家 小松左京《こまつさきょう》の霊言《れいげん》
「日本沈没《ちんぼつ》」を回避《かいひ》するシナリオ

二〇一五年七月十一日　収録
東京都・幸福の科学　教祖殿《きょうそでん》　大悟館《たいごかん》にて

「霊言現象《れいげん》」とは、あの世の霊存在の言葉を語り下ろす現象のことをいう。これは高度な悟《さと》りを開いた者に特有のものであり、「霊媒現象《れいばい》」（トランス状態になって意識を失い、霊が一方的にしゃべる現象）とは異なる。なお、「霊言」は、あくまでも霊人の意見であり、幸福の科学グループとしての見解と矛盾《むじゅん》する内容を含《ふく》む場合がある点、付記しておきたい。

ＳＦ作家 小《こ》松《まつ》左《さ》京《きょう》の霊《れい》言《げん》
「日本沈《ちん》没《ぼつ》」を回《かい》避《ひ》するシナリオ

二〇一五年七月十一日　収録

東京都・幸福の科学　教《きょう》祖《そ》殿《でん》 大《たい》悟《ご》館《かん》にて

小松左京《こまつさきょう》（一九三一～二〇一一）

小説家。大阪《おおさか》生まれ。京都大学文学部に入学、イタリア文学を専攻《せんこう》。一九六一年、空想科学小説コンテストで「地には平和を」が努力賞に入選。翌年にデビュー。以後、日本のＳＦ界を牽引《けんいん》し、「ミスターＳＦ」と呼ばれた。また、一九七〇年の日本万博《ばんぱく》ではテーマ館のサブ・プロデューサーとして活躍《かつやく》するなど、文化面でも幅広い活動を精力的に行った。代表作に、『日本沈没《ちんぼつ》』（日本推理作家協会賞等）、ほかに、『首都消失』（日本ＳＦ大賞）、『復活の日』などがある。

質問者

斎藤哲秀《さいとうてつしゅう》（幸福の科学編集系統括《とうかつ》担当専務理事 兼《けん》 ＨＳＵ未来創造学部芸能・クリエーターコースソフト開発担当顧問《こもん》）

綾織次郎《あやおりじろう》（幸福の科学上級理事 兼「ザ・リバティ」編集長 兼 ＨＳＵ講師）

高間智生《たかまともお》（幸福の科学広報局部長）

［質問順。役職は収録時点のもの］

1　預言者的役割を感じさせる　ＳＦ小説の大家《たいか》・小松左京《こまつさきょう》氏

『箱根山噴火《はこねやまふんか》リーディング』などの延長線上にいる小松左京氏

大川隆法　急な収録で、質問者のほうは準備がなかなかできないでいると思うのですが（苦笑）、今日は、ＳＦ作家の小松左京《こまつさきょう》さんという、毛色《けいろ》の変わった方をお呼びして話を聞いてみようかと考えています。

今朝《けさ》ほど、私は、『箱根山噴火《はこねやまふんか》リーディング』（幸福の科学出版刊）の原稿《げんこう》の校正をしていたのですが、その前には、『大震災《だいしんさい》予兆リーディング』（幸福の科学出版刊）という本も

『大震災予兆リーディング』（幸福の科学出版）

『箱根山噴火リーディング』（幸福の科学出版）

出しており、「この流れで行くと……」と考えると、思いつく延長線上に小松左京さんがいるわけです。

若い人が知っているかどうかは分かりませんが、小松左京さんは、私どもの世代より二十四、五年ぐらい上の世代に当たっていて、ちょうど私の学生時代あたりに全盛期を迎《むか》えておられた方です。

彼はＳＦ作家として有名ですが、なかでも、一九七三年発刊の『日本沈没《ちんぼつ》』という本は、四百八十万部のベストセラーになり、同年に映画化もされました。当時の製作費は五億円でしたが、今で言えば、かなり大きな金額に当たるでしょう。ＣＧがない時代に、〝ゴジラ映画〟風にいろいろ工夫《くふう》なされて、日本が沈没していく様子を描いていました。

『日本沈没《ちんぼつ》』の流行とその時代背景

大川隆法　『日本沈没《ちんぼつ》』が流行《はや》ったころは、当会から霊言《れいげん》も出ている、地球物理学者の竹内均《たけうちひとし》さんが（『震災復興への道』〔幸福実現党刊〕参照）、ちょうど、現役《げんえき》で東大教授をしておられ、大陸移動説等も、すでに高校あたりの理科の授業で出てきていたころでした。これは、ウェーゲナーが提唱した、「今はバラバラになっている大陸が、一億五千万年ぐらい前まではくっついていた」というような説です。

最初、この説は一笑《いっしょう》に付《ふ》されたのですが、彼の死後に見直され、「どうも、そうらしい」ということになりました。「人工衛星から見ても、毎年二センチずつぐらい、大陸が両側に離《はな》れていっているらしい」ということも分かってきていますが、彼の説が当たっていたことが分かってきたころではあったのです。

また、日本で日中国交回復等が行われたのが、ちょうど

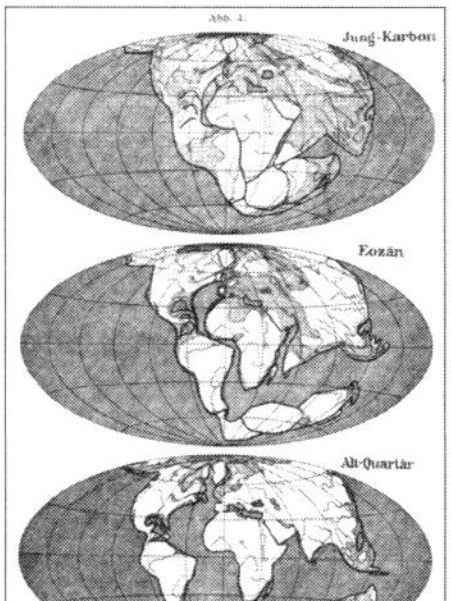

ドイツの気象学者アルフレッド・ウェーゲナー（上）は、『大陸と海洋の起源』（右）で、巨大大陸「パンゲア」が分離して各大陸になったという「大陸移動説」を提唱。

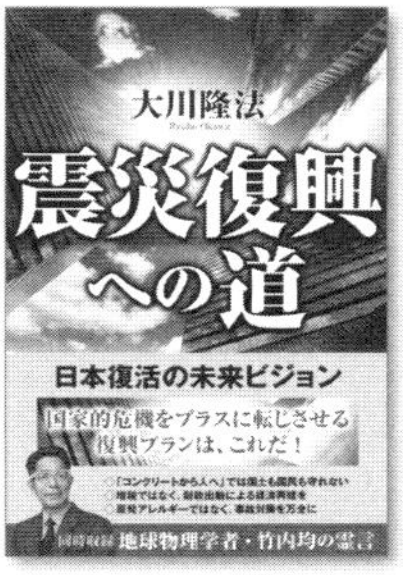

竹内均の霊言が収録された『震災復興への道』（幸福実現党）

一九七二年前後でした。田中角栄《たなかかくえい》さんが首相をしていたころで、「日本列島改造論」が出たり、好景気に沸《わ》いたり、あるいは、石油ショックが来たりというような、非常に上がり下がりの激しい時代でした。全体的には高度成長期ではあったものの、それを喜ぶ向きと危ぶむ向きと、両方あるような時代だったと思います。

『日本沈没』が出たのは、私が高校のころでしたし、この本と映画で小松左京を知っている方が多いでしょう。

それ以外にも、小松左京さんの作品は、『首都消失《しゅとしょうしつ》』や『復活の日』なども映画になりました。さらに、「さよならジュピター」という映画（一九八四年公開）もあったと思いますが、私はこれを観《み》たかどうか、はっきり覚えていません。ただ、映画「復活の日」（一九八〇年公開）と「首都消失」（一九八七年公開）は観た覚えが、はっきりとあります。

先ほど、控《ひか》え室で、「映画『復活の日』には、（女優の）オリヴィア・ハッセーが出ていたね」などと話していたのですが、周りの人の反応が鈍《にぶ》いので、「おかしいな」

近未来ＳＦで一世風靡《ふうび》した小松左京氏の作品群

執筆期間９年を経て、1973年、上下巻で同時発刊された『日本沈没』（右）は、2冊で約400万部という空前の大ベストセラーとなり、同年末には映画が公開（東宝）。さらにテレビ・ラジオドラマ化もされるなど、一大ブームを巻き起こした。この年は、浅間山噴火、西之島・海底火山噴火、根室半島沖地震や異常気象が観測され、小説と酷似した現象が起きたことも話題になった。2006年には、設定を大幅に変えたリメイク版映画が公開（東宝）。再び大ヒットを記録した。

小松左京原作の映画「復活の日」（1980年公開／東宝）と「首都消失」（1987年公開／東宝）。両作は日本映画のなかでも異例といわれる壮大なスケールの作品となり、「復活の日」は、35ミリフィルム撮影としては世界初となる南極ロケも敢行した。

と思って調べてみると、一九八〇年に公開された映画なので、周《まわ》りの人は生まれていない時代だったのです。そのため、「うわあ、古くなってしまった」と思い、私のほうも、少しショックでした。それは、確か、「新型ウイルスか何かによって人類が滅《めっ》亡《ぼう》し、潜水艦《せんすいかん》に乗っていた人たちなどが生き残った」という感じの映画だったように思います。

幸福の科学と小松左京氏の意外な共通点とは

大川隆法　小松左京さんは、そういう近未来SF小説を多作●されていたと思いますが、ある意味で、昔の「預言者」のような役割もあったのかなという気も、多少するのです。「未来に対する警告」のようなものも持っていた方なので、昔であれば「預言者」になったであろう人が、「SF作家」になったのかなという気もしないではありません。

彼は、一九三一年の一月生まれなので、一九三〇年生まれの渡部昇一《わたなべしょういち》先生とは同期生のはずですが、二〇一一年の七月に亡《な》くなっています。その年の三月には東日本大

●多作の小松左京　小松左京は多作の作家として知られ、学生時代にはすでに7000枚もの草稿の蓄積があり、最盛期には1日当たり原稿用紙約30枚も書いていたという。テーマは、本格SFからユーモアSF小説まで幅広く、エッセイ、評論、旅行記、ルポ、戯曲、対談、自伝などの膨大なノンフィクション作品もある。

震災が起きており、その四カ月後ぐらいに亡くなっているので、おそらく大震災も見て亡くなっているとは思うのですが、このときは、すでにマスコミ等に登場できる状態ではなかったのかもしれません。

一九九五年一月十七日に、阪神《はんしん》・淡路《あわじ》大震災が起きたときには、「日本沈没」の映画が引き合いに出されて、取材が殺到《さっとう》したようでした。映画のなかでは、高速道路が分断され、切断されているような映像があったため、「予想が当たったのではないか」というようなことを訊《き》かれたらしいのです。

一方、当会のほうも、ちょうど、「ノストラダムス戦慄《せんりつ》の啓示《けいじ》」の実写映画をつくって、一九九四年秋に上映し、一九九五年の一月十日ぐらいまで延長され、ロングランで上映していたのですが、その上映

1994年９月公開映画「ノストラダムス戦慄の啓示」（製作総指揮・大川隆法／幸福の科学出版）のシーン（左下）と、翌年明けに起きた阪神・淡路大震災（右上）の被災状況との暗合が話題になった。

が終わった一週間後に、阪神・淡路大震災が起きました。震災の際には、高速道路が切断されて、そこに車が引っ掛《か》かっているようなことが起きましたが、それが当会の映画の一場面にそっくりだったので、「予言が当たった」と言われたことを覚えています。

同じく、小松さんも、「当たったのではないか」ということで、呼び出されて取材を受けていたようです。

なお、彼の出身は大阪《おおさか》で、秀才《しゅうさい》の多かった神戸《こうべ》一中から旧制の第三高等学校へ進学しています。そして、京大文学部のイタリア文学科に入っているので、文系なのですが、お父さんが機械商をしていたらしいので、理系的な面もあったのかもしれません。

彼は理科系のほうの勉強もかなりなされて、SF小説をたくさん書かれたので、教養雑学的には、文系の私たちは追いつけない部分もありますが、そのなかから、〝新しいネタ〟を拾っておられたのでしょう。

一説には、彼の作品数は三千点ぐらいはあると言われています。本の冊数は分かりませんが、短いものも長いものも合わせて三千点ぐらいはあるということも聞いていますので、非常に「プロダクティビティ」、つまり、「生産性」の高い方だろうし、おそらくは「取材力」があり、「探究心」等も豊富な方だったのではないでしょうか。

また、最先端《さいせんたん》の科学を、どんどん探究されていた方なのではないかと思います。

大陸移動説を中心にしていた前作の映画「日本沈没《ちんぼつ》」

大川隆法　一九七三年に公開された映画「日本沈没《ちんぼつ》」では、先述した、東大の地球物理学者の竹内均教授が生出演して、マントルの対流《たいりゅう》などについて説明したことが有名になりました。
また、二〇〇六年にリメイク版の映画が出たときには、トヨエツこと豊川悦司《とよかわえつし》が博士役をしたり、ＳＭＡＰ《スマップ》の草《くさ》

1973年版映画「日本沈没」では、地球物理学者・竹内均教授が、最新のプレートテクトニクス理論に基づくマントル対流を解説する役（写真左）で出演したことも話題を呼んだ。

彅剛《なぎつよし》と柴咲《しばさき》コウがヒーロー・ヒロインで出演したりしています。さらに、ストーリーも少しリメイクし、原作にない部分を付け加えたりしていました。

これらの映画では、大陸移動説を根拠《こんきょ》に、日本は沈没するということになっています。前作では、「太平洋側の日本海溝《かいこう》に沈《しず》んでいくプレートがあって、これが反対側のプレートを支《ささ》えており、その上に日本列島が浮《う》かんでいる。その太平洋側のプレートが急にガーッと沈んでいったら、反対側のプレートの支えがなくなって、日本列島は沈む」というような理論が中心になっていて、「日本は沈んで、小さな島になってしまい、日本人が脱出《だっしゅつ》する」という話だったと思います。

この「日本沈没」は、リメイク版のときには、すでに

2006年版映画「日本沈没」では、潜水艇操縦士役の草彅剛とハイパーレスキュー隊員役の柴咲コウとの恋愛（左）をサイドストーリーとして、公的使命と私的幸福との間で葛藤しつつ自己犠牲を選ぶ主人公の姿が感動的に描かれる。主人公は「わだつみ2000」（右）に乗って深海へ赴き、決死の作戦を敢行する。

ポピュラーになっていたと思うので、あまり大きな話題にはなっていなかったようです。

リメイク版では、主役の草彅剛さんが潜水艇《てい》「わだつみ２０００」に乗って深海に潜《もぐ》り、プレートの要所要所に仕掛けた爆薬《ばくやく》を爆破させて断裂《だんれつ》をつくり、日本列島を下に吸い込《こ》んでいくプレートをぶち切ります。そうして、日本列島が沈むのを途中《とちゅう》で止めるところが、新作の妙味《みょうみ》だったと思います。

それから、深度二千メートルまでしか潜れない「わだつみ２０００」で、四千メートルも潜るところなどは、どこか特攻隊《とっこうたい》を思わせるものがありました。また、彼女役の柴咲コウさんとお別れして、死ぬのを覚悟《かくご》して深海へ行くところに、どちらかというとメインはあったように見えたので、前作とは主旨《しゅし》が少し変わっていたように思います。

「異質な面」を持つ小松左京氏からゼネラルに意見を引き出したい

大川隆法　東日本大震災後の日本では、あちこちで天変地異が起きています。口永良部島《くちのえらぶじま》や桜島、霧島連峰《きりしまれんぽう》等で小噴火があり、阿蘇山《あそさん》でも噴火がありました。また、その前には御嶽山《おんたけさん》が噴火していますし、今は箱根山も小噴火しています。さらに、小笠原諸島《おがさわらしょとう》では西之島《にしのしま》新島が浮上《ふじょう》して噴火しています。

このように、いろいろなことが起きていますが、どんなことになっているのでしょうか。

あの世の小松左京さんは、今、そんなことには関心がないかもしれませんが、あの世でどんなことをしているのか、どんなことを考えておられるのか、または、今にして、何か言いたいことなどはないかどうかなどを、お訊《き》きしたいと思います。もしかしたら、ＳＦ的な面以外についても、何らかの考えや言いたいことがあるかもしれません。

ただ、おそらく、「異質な面」をお持ちの方であることは間違《まちが》いないでしょうから、今日は、そういうところをお訊きしたいと思います。素人《しろうと》の私たちにはよく分からないのですけれども、その異質な目と頭を持っている方から、何か新しいヒントや世界観のようなものを、上手《じょうず》に引き出したいところです。

ああいう映画（「日本沈没」）の原作を書かれたことで、「予言者的な位置づけになっているのか、それとも、まったく関係ない扱《あつか》いになっているのか」、このあたりも、多少、興味がないわけでもありません。

幸福の科学でも、今、そういう震災のようなものについても、〝アンテナ〟に掛《か》かってきているのですが、これも、よいことなのか、悪いことなのか、少々分かりかねるところがあるので、何か意見があればお訊きしたいと思います。

とりあえず、ゼネラルに、いろいろと引き出してくだされればよいのではないでしょうか。

小松左京さんに関する知識のない人もいるかと思いますので、前置きとして、このような話をさせていただきました。

すでに亡くなっているので、彼を知る人もだんだん減っていくとは思います。いずれにせよ、いつかは日本が沈没することは、分かってはいるのです。マントルの対流によって、いつかは沈むことが分かっているのですが、それがいつなのかは分かりません。それは、将来のことかもしれませんし、われわれが日本で行おうとしていること、日本の繁栄《はんえい》を求めることが可能なのかどうかも、分からないところがあります。

（質問者に）この人は少し〝変わっている〟可能性もあるとは思いますが、上手に訊いてくだされば幸いです。

ＳＦ作家・小松左京氏を招霊《しょうれい》する

大川隆法　では、お呼びしてみます。

何だかちょっとウロウロされている感じがするので（笑）、この霊言《れいげん》を録《と》らないと許してくださらず、ほかには進めない感じがしています。この人の全作品を読んだりすることはとてもできず、勉強が十分ではないので、そういうかたちでの「小松左京研究」まではいかないところではありますが、霊界《れいかい》に還《かえ》られてからのお考えを訊くぐらいならできるのではないかと思っています。ひとつ、よろしくお願いします。

斎藤　はい。

大川隆法　今日は〝雑学の大家《たいか》〟もいるので、あるいは、いけるかもしれません。

斎藤　（笑）

大川隆法　（手を一回叩《たた》く）では、ＳＦ作家で有名な小松左京先生をお呼びいたしまして、「未来学」を含《ふく》めて、いろいろな角度から、日本の国民、あるいは世界の人たちにアドバイスがあれば、お聞き申し上げたいと思います。

小松左京先生の霊よ、小松左京先生の霊よ。

どうぞ、幸福の科学 大悟館《たいごかん》に降りたまいて、現在、われらの関心を持っていることについてご意見を賜《たまわ》れれば幸いでございます。

どうか、幸福の科学の教祖殿《きょうそでん》に降りたまいて、われらに、天上界《てんじょうかい》からの知識をお与《あた》えください。

（約十秒間の沈黙《ちんもく》）

2　ＳＦ小説家のあの世での生活とは

死後の状況《じょうきょう》は「帰天《きてん》」か「沈没《ちんぼつ》」か分からない？

小松左京　ううーん……。まあ、君らも好きだな。好きなんだなあ、ほんとにこんなのが。ええ？　嫌《きら》われるぞ、あんまり〝人を殺《ころ》す話〟ばかりしてたら。

斎藤　いえいえ（苦笑）。本日は、ご降臨《こうりん》いただき、本当にありがとうございます。

小松左京　いやいや、「降臨」っていうのは（笑）、神様に対して言うんであって、ＳＦ作家に言うもんじゃないわ。

斎藤　いえいえ。小松先生は、一九三一年にお生まれになり、二〇一一年に八十歳《さい》で帰天《きてん》されまして、あれから四年がたちました。ご帰天後、さまざまな思いを持たれていると思いますけれども……。

小松左京　「帰天」って、君ね。「天上界《てんじょうかい》に上がってる」って確定してるかどうか、まだ調べてないじゃない。「沈没《ちんぼつ》」してるかもしらんから。

斎藤　いやいやいや。

小松左京　ええ？　〝マントル〟のなかで閉じ込《こ》められてさ、出られないかたち……。

斎藤　いえいえ、とんでもないです。

小松左京　檻《おり》のなかに入って……。最近の地獄《じごく》は変わってて、「檻のなかに入れられて、マントルにずーっと漬《つ》け込む」という焦熱《しょうねつ》地獄かなんかで焼かれてる可能性だって、ないわけじゃない。

斎藤　いやいや。

小松左京　確認してないね、まだ。ええ？

「ヒットするのは、千に一つなんだよ」

斎藤　大川総裁の事前解説にもございましたけれども、『日本沈没』など、累計《るいけい》で五百万部近い大ベストセラーですし、一九七〇年代、八〇年代では、小松左京を知らない人はいないです。本当にＳＦの大家《たいか》でいらっしゃって……。

小松左京　もう、年代がばれるよ。

斎藤　ああ、そうですか（笑）。

小松左京　君ねえ、もう年齢《ねんれい》がばれるから。

斎藤　大家中の大家でいらっしゃいまして、一説には、作品数三千とも言われているぐらいの大作家《だいさっか》として認識しております。

小松左京　「〝駄作《ださく》〟の山だった」っていうことだよな？

斎藤　いえいえ、とんでもないです。

小松左京　もう当たらないものの山で。当たったのは、三千書いて、まあ、三つ四つというところかな？　千に一つなんだよ、ヒットするのは。

斎藤　そうですか。

小松左京　だからなあ、君らねえ、あんまり……。（斎藤に）君、編集だろ？

斎藤　はい。

小松左京　まあ、気にしないで、やり続けないと駄目だね。千に一つなんだよ、当たるのは。

斎藤　ああ、そうですか（笑）。

小松左京　うん。ベストセラーなんて、そんなもんなんだよなあ。

斎藤　小松先生にして、そのような……。

小松左京　ああ、そんなもんだよ。だからなあ、もうほとんど〝駄作《ださく》〟よ。だから、もう〝紙くず〟よ。もう〝ごみ溜《た》め〟よ。食《く》っていくので精一杯《せいいっぱい》よ、ほんとね。ほんとなんだよ。

斎藤　五本も映画化されましたし……。

小松左京　そんなもんで食っていけないですよ。

斎藤　本当ですか。

小松左京　だからねえ、（大川隆法が）千九百冊、本を出したって？　五千冊ぐらい出しなさいよ。そしたら、五本ぐらいヒットが出るから。

斎藤　そうですか……。

日本人は「不幸が好き」なので、〝不幸産業〟が流行《はや》る

斎藤　「今、小松左京先生はどちらにいらっしゃるのか」ということですが……。

小松左京　それは溶岩《ようがん》のなかで、もう熱い、もう煮《に》えたぎるなかで、十万度ぐらいで焼かれてるんじゃないか。

斎藤　そうですか（苦笑）。

今、天上界にお還《かえ》りになられまして、いろいろな思いが去来《きょらい》すると思いますけれども、どんなことにご関心をお持ちでしょうか。

小松左京　やっぱり、日本人はねえ、「不幸が好き」だね。

斎藤　えっ？

小松左京　だから、不幸が好き。不幸が好きだから、「不幸になるかもしれない」「将来はもう不幸になるかもしれない」「暗黒が来るかもしれない」「もう死滅《しめつ》するかもしれない」というようなことを言っとれば、みんな、すっごい関心を持って聞いてくれるけど、君らみたいに「日本をハッピーにしよう。繁栄《はんえい》させよう」なんて言ってると、全然、聞いてないいんだよな。

やっぱり、〝不幸産業〟なんだよ、基本的にね。流行《はや》るのは。

だから、君ねえ、地獄に行く覚悟《かくご》で〝不幸産業〟を流行らせると、ヒットするよ。

斎藤　（苦笑）そういえば、小松先生の作品には、いろいろな刺激《しげき》的なタイトルが確かにございました。

素材《そざい》を引っ張ってきて〝メシの種《たね》〟を考える

斎藤　ただ、小松先生には、未来のビジョンをベースにした作品が非常に多いと思います。「はるか彼方《かなた》の未来を心の映像で受け止めて、それを筆に乗せながら、世に問うていく」というかたちの作品が数千もあります。

このように、「未来を視《み》る力」というものがおありだと思いますが……。

小松左京　ないよ。

斎藤　えっ（苦笑）。

小松左京　そんなこと、全然ないよ。そんなもんは何か素材《そざい》を引っ張ってきてさあ、「これが〝メシの種《たね》〟にならんかなあ」と考えて、寝転《ねころ》がして〝発酵《はっこう》〟させる。まあ、それだけだからさ。視る眼なんかゼロだよ。

斎藤　いや、ご謙遜《けんそん》かなと思いますけれども。

小松左京　いやあ、素材あってのもんだよ。素材あってのもんだよなあ。そらそうですよ。君らと一緒《いっしょ》よ。インスピレーションゼロよ。
だから、「材料があれば出る」っていう。
斎藤　（苦笑）このへんについては、綾織編集長が今、「ザ・リバティ」の編集長をしておりますので……。
小松左京　もう、そら〝材料〟で困っとるだろうよ、ほんとに。ええ？
斎藤　このへんの苦しみは同通していると思いますので、（綾織に）どうぞ。
「あの世にある『未来学会』『ＳＦ学会』で集まっている」
綾織　今日、〝材料〟を頂きたいとも思っているんですけれども。

小松左京　そう簡単にやらんでよ、タダでは。

綾織　ああ、そうですか（笑）。小松先生は、あの世に還《かえ》られて、四年になるわけですけれども。

小松左京　ああ、あの世へ還ったらしいな。あの世はな……。

綾織　この間、どういう仕事や生活をされてこられましたか。

小松左京　うーん……。取材し始めたな？

綾織　いえいえいえ。地上にも非常にご関心が高いと思うのですが、どういうところに関心を持ちながら、過ごされているのですか。

小松左京　いや、「わしみたいな〝変人〟をどこに分類するか」っていうところが難しいところだよな、霊界《れいかい》でもな。入れとくところがないよね、なかなかね。入れとく天国も、地獄もないね。（入れて）いいところがないから。

わしゃあ、「エジソンあたりの近くにでも置いてくれんかなあ」と希望するんだけども、まあ、若干《じゃっかん》、違《ちが》うような気がしないでもないなあ。

綾織　なるほど。そうした「未来予言的な仕事」ということでは、H・G・ウェルズ●さんとか……。

小松左京　ああ、なるほど。いいあたりだねえ。まあ、悪くないねえ。「日本のH・G・ウェルズ」……、いいねえ。いいねえ。いいねえ。

綾織　お話をされたりとかしていますか。

●H・G・ウェルズ（1866～1946）　イギリスの作家、歴史家。『タイム・マシン』『透明人間』『宇宙戦争』など、数多くの空想科学小説を書いた。また、第一次大戦を契機に人類の運命に対する関心を深め、『世界文化史大系』などの歴史書を著すとともに、戦争根絶に向けて、国際連盟の樹立にも尽力した。

小松左京　いいねえ。いいねえ。

綾織　お会いになったりとかしていますか。

小松左京　うーん。まあ、ＳＦ的には会ってるかもしれないねえ。まあ、あちらでも、やっぱり、「未来学会」があるしね。「ＳＦ学会」も……。

斎藤　あの世に未来学会があるんですか。

小松左京　ＳＦ学会もあるから、いちおう。

綾織　それでは、集まって話をされているのですか。

小松左京　まあ、そういう会合《かいごう》のときには集まるわな。

「未来学会」には、いろいろな分野の研究者がいる

斎藤　すごく関心が出てきました。あの世に未来学会があるんですね。なるほど。

小松左京　ありますよ。そのくらいあって、当然でしょう。

綾織　それには、どういった方々が集まるのですか。

小松左京　だから、未来に関心がある……、この世のな。文系・理系問わずな。未来設計とかな、未来社会とか、いろいろ研究している人がいっぱいいるじゃないか。地上でもな。

そうした人たちにアドバイスというかね、インスピレーションも降ろさないといけないから。

綾織　なるほど。

小松左京　タバコがないなあ。ここなあ。

綾織　あっ、すみません（苦笑）。

小松左京　（タバコを吸うしぐさをしながら）こうやりたいんだがなあ。タバコも、最近、飲まないんでな。これがないと、ちょっと気分が出ないよなあ。ちょっとな（注。小松左京氏は一日にタバコを十箱も空にするほどのヘビースモーカーだった）。

綾織　この一時間ぐらいは、我慢《がまん》いただきたいんですけれども（苦笑）。

日本未来学会の活動　1967 年、小松左京氏と未来学について対談したときのメンバーが国際会議に出席したのを契機に、翌年には日本未来学会（現・新日本未来学会）が発足。産業界・政官界・諸学界の垣根を取り払い、学際的な議論が交わされた。（写真：1970 年 4 月、京都国際会館で開かれた国際未来学会議「未来からの挑戦」の様子。国内外約 300 人の学者・研究者が参加）

小松左京　だからね、未来に関心があって研究したりしてる人はたくさんいるから。われわれも、あの世で考えながらな。

まあ、それぞれ分野はあるけどね。未来の科学を研究する人や、今は科学的技術の研究をする人もあれば、もっと専門的に宇宙関係から、地球関係や海底、あるいは都市計画から、政治とか、経済とかを研究してる人もいるし、まあ、いろいろいるけどね。

それで、会合はちょっと分かれるわけで。「未来亭《てい》」っていう料理屋で集まって会合をするわけや。

綾織　あっ、食べながら……。

小松左京　うん。うーん。

ＳＦの「宇宙もの」が後《おく》れているので、誰《だれ》かに書かせたい

綾織　特に小松先生の場合は、どの分野に当たるのでしょうか。

小松左京　まあ、わしは「雑学」やから、何でもネタにしないといかんもんだから、いちおう、「未来」と名が付きゃあ、出てはいるけどなあ。君ら、今、〝宇宙もの〟にだいぶ凝《こ》っとるじゃないの。なあ？

綾織　そうですね。いろいろ調査をしております。

小松左京　宇宙ものに凝っとるやろ？　だから、あの世で取材して訊《き》くだけだけど、まあ、君らのも取材はかけてはいるんだがね。宇宙ものでいろいろ出てきてるからさ。「これは、いつごろ、こうなるかなあ」というのをね、ちょっとやってはいる。

日本は、ちょっと後《おく》れてるな。確かにＳ

2015年10月10日公開予定のアニメーション映画「ＵＦＯ学園の秘密」（製作総指揮・大川隆法／幸福の科学出版）。

Fでも、宇宙ものは少し後れがあるからさ。誰《だれ》かに書かさなきゃいけないかなあ。

斎藤　宇宙の情報に関しては、日本は〝後進国《こうしんこく》〟として……。

小松左京　そう。後進国だな。宇宙ものは後進国だよな。だから、誰か書く人がいなきゃいけないよな。

綾織　そういう働きかけを、今、日本に対してされている?

小松左京　降ろすところがあれば、出してもいいんだが、ええ素質を持ったやつがなかなか手に入らないんでねえ。

綾織　なるほど。

3　人類の未来のシナリオはどのように決まるのか

あの世で、小松左京氏と一緒《いっしょ》に研究している人とは

綾織　その未来学会では、それぞれの分野があると思うのですが、特に一緒《いっしょ》に研究されているような方はいらっしゃいますか。

小松左京　まあ、百年分ぐらいは、最近の人は溜《た》まってるから。そういうのに関心のあった人って、百年ぐらいはいるので。

綾織　先ほど、●竹内均《たけうちひとし》先生のお名前もありました。

小松左京　うん。ああいう人とも会うよ。向こうでもね。会いますしねえ。あなたが

●竹内均（1920 ～ 2004）　日本を代表する地球物理学者の一人で、東京大学名誉教授、理学博士。地球の表面は十数枚の固い岩盤（プレート）からなり、その岩盤の運動が地震の原因であるとする「プレートテクトニクス説」を広める。また、映画「日本沈没」（1973 年公開）では、これを説明する科学者役という設定でゲスト出演した。

たが知らないような人でも、未来学をやってた人は、けっこう、いらっしゃるんでね。

小説家は〝メシの種《たね》〟を探すことが至上命題

斎藤　生前も、「あらゆる分野の専門家の学者と会って話す」という主義だったようで、「いろいろな方とお会いした」という話が遺《のこ》っています。

小松左京　うん、うん。だから、（斎藤に）君みたいなもんだよな。

斎藤　そうですか。編集系の魂《たましい》があるんですか。

小松左京　編集系じゃなくて、「〝メシの種《たね》〟を探す」っていうのが至上命題じゃないの。書く種がなくなったら、もう終わりですからね。

斎藤　小説家というのは、〝メシの種〟を探すのですか。

小松左京　そうです。書く種がなくなったら、もう、そんで終わりですよ。「もう書くものがない」っていうのは、おたくも一緒よね。

綾織　そうですね……（苦笑）。

小松左京　「書くものがない」となったら、もう終わりだよな。もう、〝人類最期《さいご》の日〟が来るな。

斎藤　天啓《てんけい》でビビッと来る感じじゃないんですか。

小松左京　あーんなものがあるわけない。

綾織　（笑）

小松左京　エジソンだって、「ない」って言ってるんだから、ないよ、そんなもん。こんなのないよ。霊能《れいのう》者じゃないんだからさ、こっちはねえ。それは違《ちが》うよ。

「リーダーを志《こころざ》す者は、未来に関心を持つべき」

斎藤　小松先生は、ご生前、『未来の思想』という本も著《あらわ》されています。そして、あの世で未来学の学会に出ておられるということですが、どういうことが未来の勉強なんですか。

小松左京　そういう意味では、確かに「宗教の預言者」みたいな側面もあるのかもしれないけど。

でも、普通《ふつう》さあ、「勉強した頭のいい人」っていうのは、リーダーになりたいんじゃない？

1967年に発刊した『未来の思想』。著作のなかでも、哲学的な内容である点が特徴の書。

「リーダーって、何か」っていったら、「人より先が見える」ということだよな。先が見えるから、「こうしたほうがいいよ」って言えるわけでしょ？　判断して、「こっちのほうに進みなさい」って。これは昔のエリートの定義だよな。未来が見えることがな。

そういう意味で、リーダーたらんとする者、志《こころざ》す者はみんな、未来に関心を持つべきで。

まあ、過去から掘《ほ》り起こす人もいるけどね。もちろん、過去から、リーダー学を掘り起こす人もいるけど。一般《いっぱん》的にはそうだし、私ら戦争体験のある世代の人間は特にな、やっぱり深く反省するものがな……。

やっぱり、「工業技術等で負ける」っていうようなことに対しては、「理科系統的な未来学に関心を向けさせて、理工系の優秀《ゆうしゅう》な人をそっちに惹《ひ》きつけないと、日本が将来もたない」っていう、すごい危機感はあったよ。

だから、最後の敗戦をちゃんと覚えとるけどさ、やっぱり、「理科系のエースを、もっともっとつくらなきゃいけないな」って。

そのためには、彼らに志《こころざし》を与《あた》えなきゃいけない。「未来に、こんな未来があったら、どうする?」って、〝餌《えさ》〟をぶら下げとけば、それに向けて勉強しようとするじゃない。これは大事な視点だよなあ。

『日本沈没《ちんぼつ》』の内容は「戦争」などにも応用できる

綾織　実際に私どもが取材した地震《じしん》学者の方は、「『日本沈没《ちんぼつ》』を観《み》て、学者を志した」とおっしゃっていました。

小松左京　いっぱいいるでしょ? そう、そう、そう、そう、そう。竹内さんも言ってたけども、(映画「日本沈没」に)彼の(演じる)ねえ、地球物理学者が出て、説明するのを観て、(学者を)志したっていう人は、当然、たくさんいるわけよね。

綾織　ということは、今の日本や世界に対して、優秀な理系人材を発掘《はっくつ》するというか、

●『日本沈没』を機に学者を志した人々　小松左京の『日本沈没』を読み、実際に地球物理学に身を投じた研究者が何人も誕生していることを、小松自身も新聞記事で読んで知ったと記している(『天変地異の黙示録』)。

引き上げるようなお仕事をされているわけですか。


小松左京　まあ、それは大事なことだよね。「日本沈没」の映画等でも、総理大臣がさ、最後、もう無力《むりょく》じゃんね。無力なもんで。

結局、日本そのものが四つの大きな島で、みんな住み分けてて、外と関わらずにもいた。まあ、鎖国《さこく》時代のあれもあるしね。

今だって、外国でいろんなことが起きても、災害が起きたり、戦争が起きたりしても、難民をなかなか受け入れないで、エゴイストをやってるけど、「自分らがいざ沈没するときには、どこが引き取ってくれるのか」と言ったら、行く先がないんだよな。四つの島以外には行くところがないからさ。

としたら、文系かもしれないけど、首相なり、大臣なりは、結局、「何もすることができない」っていう感じだよな。

今、君らが関心のある戦争だって、同じだろ？　これは災害と同じ効果があるからさ。戦争もさ。同じようなことがあって、日本だって逃《に》げ場がないこともあるわな。

だから、『日本沈没』は、いろいろと応用の範囲《はんい》がほかにもあると思うけどな。

すぐに解決がつかない問題は、長期的に対策を立てるべき

綾織　これからの時代に、「優秀な人材が欲《ほ》しい」と思われる科学の分野はどこだとお考えですか。

小松左京　まあ、「人間の考えで短期間に対応できるような分野」のところは、秀才で何とかなるとは思うんだけど、「現在の力では総力をもってしても、すぐには解決がつかないような問題」の場合は、なるべく早いうちに、それに気づいて、長期的に対策を立てていかな、いかんわねえ。そういうところが日本人は弱いわねえ。

だから、「宇宙」にしてもね、今、言ったのでも、二十年後、三十年後、五十年後なんていうのを考える力がないよね。政治家が次の選挙しか考えていないからね。

だから、そういう意味での、何て言うかなあ。この選挙型民主主義の弱さがあるんじゃないかなあ。もし、長くやれるんだったら、長期的な視野がつくれるんだけど。

これをつくれない部分があるんでねえ。

「大東亜《だいとうあ》戦争で、日本沈没《ちんぼつ》を一回している」という見方

斎藤　今、お話を聴《き》いて、ものすごく驚《おどろ》いています。

小説家は、普通、自分の心の映像を作品に表すだけなのですが、先ほども綾織編集長が、「小松先生の作品によって、現実に地震学者を志した人がいた」と言っていましたし、小松先生も、ご生前、「作家として、これほどうれしいことはない」と、取材に答えています。

そのように、「現実の世界を変える人間を誕生させる」というところまで、小説の射程《しゃてい》に入れておられると感じました。

小松左京　それは、そうでしょう。

斎藤　そのような発想で、小説を考えていたのですか。

小松左京　だからねえ、「日本沈没《ちんぼつ》」ったって、ほんとは先の大東亜《だいとうあ》戦争で、日本沈没を一回してるからさ。まあ、早い話がそういうことだよ。

「それは何でか」っていうと、やっぱり対応ができてなかったわな。アメリカと戦うなら戦うなりの準備っていうのは要《い》ったわなあ。

だから、「工業力で、これだけ差があって戦った」っていうのは、やっぱり、理系の後《おく》れだよな。やっぱり、どうしてもね。理系的発想とシンクタンク的な知恵袋《ちえぶくろ》のところが足りなすぎて。

「文系的」と言っちゃ、あれなのかもしらんけど、「宗教的に」と言うべきかもしらんけど、そういう精神論だけで戦おうとしたところが……、「日本人一人で、アメリカ人百人は倒《たお》せる」みたいな感じの気合いだけど、まあ、『三国志《さんごくし》』の時代じゃないんだからさあ、なかなかそういうわけにはいかないのさ、現代はなあ。

それは、火薬《かやく》を使ってやってる時代だからねえ。それからロケットやミサイルの時代だからね。やっぱり、科学技術的に後れた場合は、もう勝てないなあ。

それぞれの分野に「この世のシナリオ」を書く人たちがいる

綾織　そうなりますと、「これから起こりうる危機を想定しながら科学者を育てていく」というのが大事になるわけですが、今、あの世からご覧になって、その危機について何か見えるものがあるのでしょうか。

小松左京　それはねえ、うーん、君らにその〝種明《たねあ》かし〟をしていいかどうかは分からないんだけど、ある程度、いろんなジャンルでシナリオを書いてる人たちがいるわけで。「この世のシナリオ」を書いてる人たちがいることはいる……。

綾織　それは危機も含《ふく》めて？

小松左京　うん。シナリオを書いてる人がいるので。シナリオを書く以上、そのシナリオの結論をどう持っていくかについては、何通りかは当然あるわけでしょ？

「そのとおりの不幸になる」「何とか乗り越《こ》える」とか、「さらに逆転して発展する」とか、いろいろあるじゃないですか。

だから、シナリオを書く人たちが、それぞれの分野にいることはいるので。「『シナリオが書ける』っていうことは、同時に対策も考えられる」ということでもあるわけで。

「あの世で評判の小説は、この世で現実に起きることがある」

綾織　「そうしたシナリオを書いている人が誰《だれ》か」ということは、明かしてもよいのでしょうか。

小松左京　いや、たくさんいるよ。それは、たくさんいますけど、それぞれのジャンルで、やっぱり、未来設計に関して責任を持ってる人たちが集まって、シナリオを書いてるね。

綾織　ほう。

斎藤　それは、相談し合って、やっているのでしょうか。それとも、個人で決めているのでしょうか。

小松左京　だから、力が強くなると……。あの世でも、小説だってあるわけですよ。やっぱり書いてるわけで、あの世で書いた小説が、あの世で評判になると、それがこの世で現実に起きることはあるわけですよ。「あの世でベストセラーになると、この世でそのとおりに起きる」とかっていうことが。

斎藤　それは、「売れる」とかではなくて、「それが現実に起きてしまう」ということですか。

小松左京　起きちゃうんです。シナリオは、あの世のほうが先だから。早いから。

斎藤　では、あの世の小説というのは、けっこう〝怖《こわ》い〟じゃないですか。この世で起きてしまうのですか。

小松左京　例えばね、「女性大統領だとか、女性首相だとかが、誕生したらどうなるか」みたいな小説をあの世で書いて、それがみんな不評だった場合は、ボツになっていく傾向《けいこう》があるわけだけど、けっこう評判がよくて、「これ面白《おもしろ》いんじゃない？」とか、「筋《すじ》として面白い」とか、「小説として面白い」となって、あの世でもちょっと人気が出てくると、地上のほうがそれの影響《えいきょう》を受けて変わってくるんだな。そういうものが出てくることはあるんだ。

4 「天災」「戦争」「難民化」、日本の未来のシナリオとは

一国平和主義のエゴイズムで日本には〝借金〟ができている!?

高間　例えば、今、世界の人々がとても心配していることに、「難民の増大」というものがありまして……。

小松左京　うん、それはあるわな。

高間　シリア、それからアジアのほうでも、ミャンマーの「ロヒンギャ族」という新しい難民が出ています。

小松左京　うん。

高間　小松先生は、「日本人の難民化」という、奇想天外《きそうてんがい》なものを提示されて、今になって非常にリアリティが出てきているのですけれども、このシナリオ、そして、結論というのは、今、お話しいただける範囲《はんい》では、どうなっていくものなのでしょうか。

小松左京　うーん。それはタダでは言えんことではあるけれども（笑）。アフリカの難民、それから、確かに、砂漠《さばく》地帯のシリアとか、その近辺のイラクとか、あのへんの難民があるね。

それから、アジアでも、いろんな災害があったときに、難民がいっぱい出た。これに対して、日本人はすごく冷たかったね。どちらかといやあ、冷たかったし、関心も持たないし。

これには、日本のマスコミの後《おく》れがかなりありますので。日本のマスコミ自体が、「一国平和主義」なんですよ。自分らが飯《めし》を食えたら、それでいいんであって、外国はどうでもいいわけで、あまり関係がないと思ったんだけど。日本にも、難民問題が発生したときに初めて、彼らがどんなふうに苦しんでいたかが分かるわけよね。

だから、日本は、「東日本大震災《だいしんさい》で二万人弱ぐらい死んだか、行方《ゆくえ》不明者が出た」っていうだけで大騒《おおさわ》ぎしてるけども、そんな、「十万人ぐらいが地震で死ぬ」なんて、中国とかインドでは、しょっちゅうあるんです。もう、震度5もありゃあ、十分、十万人ぐらい死んじゃうので。ああいうところは、ちゃっちい建物だと死んじゃいますから。

それに、とにかく、（日本には）報道が十分ないから、あんまり考えもしないしね。

この前、フィリピンあたりだって、台風で、ものすごくたくさん死んだでしょ？

あれは、台風や、それから津波《つなみ》でも、ずいぶん死んだよね（注。二〇一三年に台風三十号「ハイエン」がフィリピンを襲《おそ》い、被災《ひさい》者は千六百万人以上に上った。また、二〇〇四年の「スマトラ島沖地震」では、津波などにより二十二万人が死亡した）。

みんな、十万、二十万の単位で死んでるんじゃないかな。でも、最初だけ報道されるけど、すぐに忘れていくだろう？

そんな感じなんで、ちょっと、日本人全体に言えることは、「一国平和主義」と

「一国繁栄主義《はんえいい》」で、「自分らの世界観だけを維持《いじ》できればいい」っていう感じが強すぎるから。これは、ある種の「悪業《あくごう》」とまでは言えないかもしれないけれども、何らかのエゴイズムとして、〝借金《しゃっきん》〟はできてるんじゃないかなという感じがする。

「日本人が難民になったらどうするか」を問うた『日本沈没《ちんぼつ》』

小松左京　だから、「日本人の難民が海外へ行く」というのを、私の（『日本沈没《ちんぼつ》』の）小説と映画で示したけど、「いざ、行けるか」って言ったらね……。

いや、「ロシアに難民で行けますか。中国に難民で行けますか。台湾《たいわん》に行けますか。ほかの国に行けますか。フィリピンは引き受けてくれますか。ベトナムは引き受けてくれますか。インドネシアは引き受けられますか。オーストラリアはどうですか。アメリカはどうですか」って言ったら、あの映画に描かれてるとおり、もう、どこも引き受けるのを嫌《いや》がる。オーストラリアで五百万人も日本人を引き受けたら、別の国がもう一個できちゃうじゃないですか。

君らが考えてるのは、例えば、「中国から難民が来て、それが百万人も来たら、もう、それで独立国家なんかつくられちゃうじゃないですか。鳥取《とっとり》県に独立国家でもつくられたらどうするんですか」って、こういうことでしょ？　百万人、中国人が来たら、そちらが予算を全部握《にぎ》ってしまって、動かしちゃうでしょう？　鳥取や島根《しまね》あたりだったらね。

君らがそういう心配をすることは、たぶんあるでしょう。

あるいは、「北朝鮮《きたちょうせん》が崩壊《ほうかい》して、（難民が）韓国《かんこく》に来て、韓国から難民がワッと流れてきたら……。これがザーッと来たらどうする。新潟《にいがた》で独立国家をつくられたらどうする」って、そんなことは考えられるけど、逆は考えない。

そういう意味で、ああいう映画とかで私が言ったことは、ちょっと、みんなに〝逆ネジ〟をかけて、「逆《さか》さの発想」をかける意味では役に立ったと思うね。

「純血性《じゅんけつ》」を言いすぎて、繁栄《はんえい》を取り逃《に》がしている日本

小松左京　日本は、非常に今、外国人に対して厳しい。だけど、その「外国人に対して厳しい」っていうことを、日本人自身はあんまり意識してないね。「日本語がしゃ

べれて、治安がよくて、自分らが安泰《あんたい》で、収入が減らなければいい」と思ってる。だけど、アジアあたりの安い賃金の労働者がいっぱい忍《しの》び込《こ》んできたら……。今、「アルバイト、正規、非正規」って、問題にしてるんだろう？「正規雇用《こよう》の時給を幾《いく》らにするか」とか、「非正規が増えてきた」とか、もめてるんだろう？それは日本人の話だよね。この非正規の下に、さらに、〝難民値段〟っていうのが入ってきたら、もう非正規もおそらく危《あぶ》なくなってくるよな。

このへんのところは、やっぱり厳しいなあ。自分たち一国だけで考えてると、やっぱり厳しい。

例えば、おたく（幸福の科学）に関係があるものでは、「野菜工場」みたいなのだってある。「建物のなかで野菜をつくる」とか言ってるのが（注。幸福の科学の信者の企業《きぎょう》には、野菜工場に携《たずさ》わっているところが幾つかある）。

こんなの、アジアやアフリカの国に行ってみたら、土地なんかいくらでもあって（笑）、農業なんかいくらでもできるので、「われらの野菜を買ってくれよ」っていうのもあるし、「日本で農家を辞《や》める人がいっぱいいて、農地が余ってるんだったら、呼んでくだされば、何年かぐらい農業をしに行きますけど」っていう人は、いっぱいいるんでさあ。こういうものとの競争も、本当はあるんだけどね。

だから、日本は繁栄《はんえい》してるかもしらんが、高コスト体制になっているので。「アメリカは」って言ったら、難民を今はだいぶ管理してるけど、それでも流れ込んできて、人口が増えてきてるよね。だんだん、だんだん、増えてきてる。

先の大戦のときは、日本は「八千万人」ぐらいだったかもしれないけど、アメリカも「一億幾ら」ぐらいしか人口はいなくて、二億人はいなかったんだけど、今は、もう「三億人」やそこらはいるでしょ？　増えてるので。出生率《しゅっしょうりつ》もあるだろうけど、やっぱり、メキシコから入ってきたり、いろいろな外国から入ってきたりして、増えて、国自体が大きくなってる。

そういう、「ほかの力を取り込んで、国が大きくなっていく」っていうようなところが（ないのが）、日本の弱いところだよな。あとは、「純血性《じゅんけつ》」とか、「単一性」とかを言いすぎて、それで、何かもうひとつ、繁栄を取り逃《に》がしてるところがあるような気はするね。

だから、「難民問題」っていっても、基本的に、日本人のメンタリティーに、「単一性」とか、「純一性」とか、「連綿とした文化」とか、「日本語が外国人には難しくて学べないみたいなので、喜んでいるようなところ」とか、そういうようなことがあるけど、やっぱり、それでは、もう一段「マクロの視点」がないんだよな。分かるかな？

綾織　はい、ありがとうございます。

日本には、「災害」と「戦争」のときの避難《ひなん》先がない

綾織　「そういうエゴイズムで、日本人が、ある種の〝借金〟を背負っている」というお話でしたけれども……。

小松左京　そのとおりだ。

綾織　ご生前は、そうした観点から、さまざまな小説のかたちで、警告や、注意の喚《かん》起《き》をされているような状態だったと思うのですけれども、今、天上界《てんじょうかい》からご覧になって、「やはり、ここは言っておかないといけない」ということはありますか。

小松左京　でも、天上界かどうかは、まだ分からないよ。

綾織　はい。では、〝あの世〟からご覧になって……。

小松左京　阿蘇山《あそさん》の火口にぶら下げられてる可能性も、まだあるからね。分かんないよ。

綾織　はい（笑）。では、それは追い追い……。

小松左京　うん。で？　何、何？

綾織　先ほどは、「日本人は、ある種の〝借金〟を抱《かか》えているようなものだ」というお話でしたが、今、〝あの世〟からご覧になって、言っておかなければならないことは、何かありますでしょうか。

小松左京　今言った、「何かのときに避難《ひなん》できる〝避難先〟がない」という考えと、「戦争のときに逃げられない」というのは一緒《いっしょ》だね。「災害」と「戦争」には似たようなところがあって、例えば、「本当に日本が攻《せ》め込まれたときに、どこに日本が逃げるのか」っていうところは、やっぱり、まだ解決されてない問題としてはあるわな。

だから、「日本沈没」では、本当に残酷《ざんこく》だけど、もう何千万人もの日本人が死んでいくかたちになって。ねえ？　新作のほう（二〇〇六年公開の映画「日本沈没」）では、引き取り手がないから、このままほっとけば、どんどん死んでいくので、「人数が減ってくれれば、引き取り先の割り当てができてくるから」みたいな……。

斎藤　映画のなかでは、首相代理の人が、「死んだ人間まで避難させなくて大丈夫《だいじょうぶ》だから」というニュアンスで言っていました。

小松左京　ねえ？　そんなふうに考えたくなってくるよな。「そんなもの、一億人もどこが引き受けてくれるんだ。日本人の人口が減るまで、ちょっと置いておいて、そしたら、残った分だけ移動すればいいじゃないか」っていう。（人口が）百万人ぐらいになれば、行きやすくなってくる。世界に散っても、ちょっとずつしか受け入れなくて済むもんな。

あの世で書かれた「戦争シナリオ」はどのように実現するのか

綾織　「戦争」とおっしゃいましたけれども、実際、そうしたシナリオを書いている

2006 年版映画「日本沈没」では、沈没が確定的となった日本の難民の受け入れに、海外諸国が消極的な姿勢を示す（上：避難先を求めて空港に人々が殺到するシーン）。

人がいるのでしょうか。

小松左京　ああ、戦争は私の専門ではないけれども、ちょっとは関わってます。「サイエンス・フィクション」としてはあるので、ちょっとは関わってますけど、戦争は〝戦争屋〟で、また〝未来屋〟はいるんです。やっぱり、それは、いろいろなシナリオをいっぱいつくっています。

綾織　もう、戦争なら戦争で、幾つもシナリオがあるわけですね？

小松左京　ああ、たくさんあります。シナリオは、ものすごい数があるんですよ。「戦争シナリオ」「近未来戦争シナリオ」っていうのは、ものすごい数がありますね。「二十一世紀の戦争シナリオ」っていうのは、私が知ってるだけでも、百ぐらいはありますから。

綾織　あっ、そうですか。

小松左京　ええ。

斎藤　それは、あの世での人気で決まってしまうのですか？

小松左京　いや、「人気」と言うべきかどうかは分からないけど……。

斎藤　そういう問題ではないのですか。

小松左京　何か、「いいね」っていう数だな。

斎藤　「いいね」って……（苦笑）、意外に、戦争の決まり方というのは、そんなものなのですか？　この世の人間側から見ると、もう少し〝高度に〟決まっている感じがするのですけれども。

小松左京　いや（苦笑）、みんなが見て、「これは、ちょっと、人類の経験する未来としてはいいね。こういう経験もいいね」っていう声が多いと、やっぱりそうなる。

日本人が「何もしない」なら、外国のシナリオが優先される

斎藤　神々のなかでも、そのように民主主義的に決まるものなんですか。

綾織　それは、神様たちが決めるものですか？「いいね」と。

小松左京　神様……、神様なのかなあ。

綾織　どういう立場の方々ですか。

小松左京　「神様かどうか」は、私は分からない。役人なのか……。いや、でも、役人でもないな。われわれは作家だから、役人じゃないので。

だから、「クリエイション（創造）部門」は別にあるんだけど、「クリエイション部門」と、「それを審査《しんさ》してる部門」っていうかな。

斎藤　「クリエイション部門」と「審査部門」があるんですか？「戦争のテーマ」も。はあ……。

小松左京　おたくでも（「ユートピア文学賞」や「ユートピア学術賞」などの）審査で、「大賞」とか、ねえ？「優秀賞《ゆうしゅう》」とか、「佳作《かさく》」とか、あるじゃないですか。

綾織　例えば、今、世界的にも、「中国との戦争というのは、周辺国でありうるのではないか」というように言われているわけですが……。

小松左京　「日本沈没」と一緒でね、いちばんポピュラーな日本人のシナリオは、「何もしない」っていうシナリオですよね？

綾織　はい。

小松左京　何もしない。だから今、大多数は、あるいは政治なんかも、そちらのほうへ動いてるんだろう？

綾織　確かに、世論《よろん》的には多いですね。

小松左京　何もしない。そのまま、現状で、ずっと行く。何もしない。日本が沈没しても、結局、何もしない。手を打たない。

そうやってるのと、まったく同じだね。戦争で攻められる。でも、何もしない。今

2012年公開の映画「神秘の法」（製作総指揮・大川隆法／幸福の科学出版）のシーンから。突如のクーデターで台頭するアジアの軍事国家から侵略を受けた日本の無策ぶりが描かれている。政府は緊急閣僚会議を開くも、何ら意思決定できないまま事態が悪化していく。

までやってきたとおり、ずっとやっている。明日《あした》の運命は知らない。一年後の運命は知らない。それで、みんな、大部分の人は生きている。

これが、本当はいちばんメジャーなシナリオで、とすると、外国のほうがつくったシナリオが優先されることになる。だから、日本発のシナリオがないと……。

綾織　なるほど。

小松左京　日本で「こういうふうなシナリオを立ち上げてほしい」と思わないと、外国のシナリオしかなかったら、「そのどれを採用するか」というだけになることがあるね。

斎藤　そういう力関係があるんですね。

小松左京　うん、そう、そう。だから、幸福の科学で、いろいろ言ってるんじゃないの？

小松左京氏は、「日本人」や「日本」をどう見ているのか

斎藤　ご生前に、自伝（『小松左京自伝――実存を求めて――』）を書かれているのですけれども、そのなかで、「『日本沈没』を書き始めた動機は戦争だった。戦争が終わってから、日本人は頑張《がんば》って、高度経済成長の階段を駆《か》け上がったんだけれども、それに酔《よ》って、浮《う》かれていると思った。そこで、のんきに浮かれている日本人を、虚構《きょこう》のなかとはいえ、国を失う危機に直面させてみようと思って、書き始めた」というように述べられています。

小松左京　うん。

斎藤　また、「日本人とは何か、日本とは何かを考え直してみたいとも、強く思って書いたんだ」というように告白されているのですけれども……。

小松左京　だからね、一九七三年の映画（「日本沈没」）のときは、少人数ではあるけれども、諸外国は、まだ日本人を引き取ってくれたんだよ。「日本人は、外国へ行って、どこかの国で生き延《の》びる」っていうことだったんだ。

　だけど、二〇〇六年のリメイク版ではだね、「どこも日本人を受け入れてくれなくて（苦笑）、もう自分たちの科学技術で、マントルへの吸い込みのところ（プレート）を爆破《ばくは》して、ぶち切って、吸い込みを止《と》めて、バウンドさせて、沈没を最後の段階で止めて、生き残れるような島にした。島だけど、全部は沈《しず》まないようにして、自力で生き延びる」っていうのに変わってるじゃないですか。

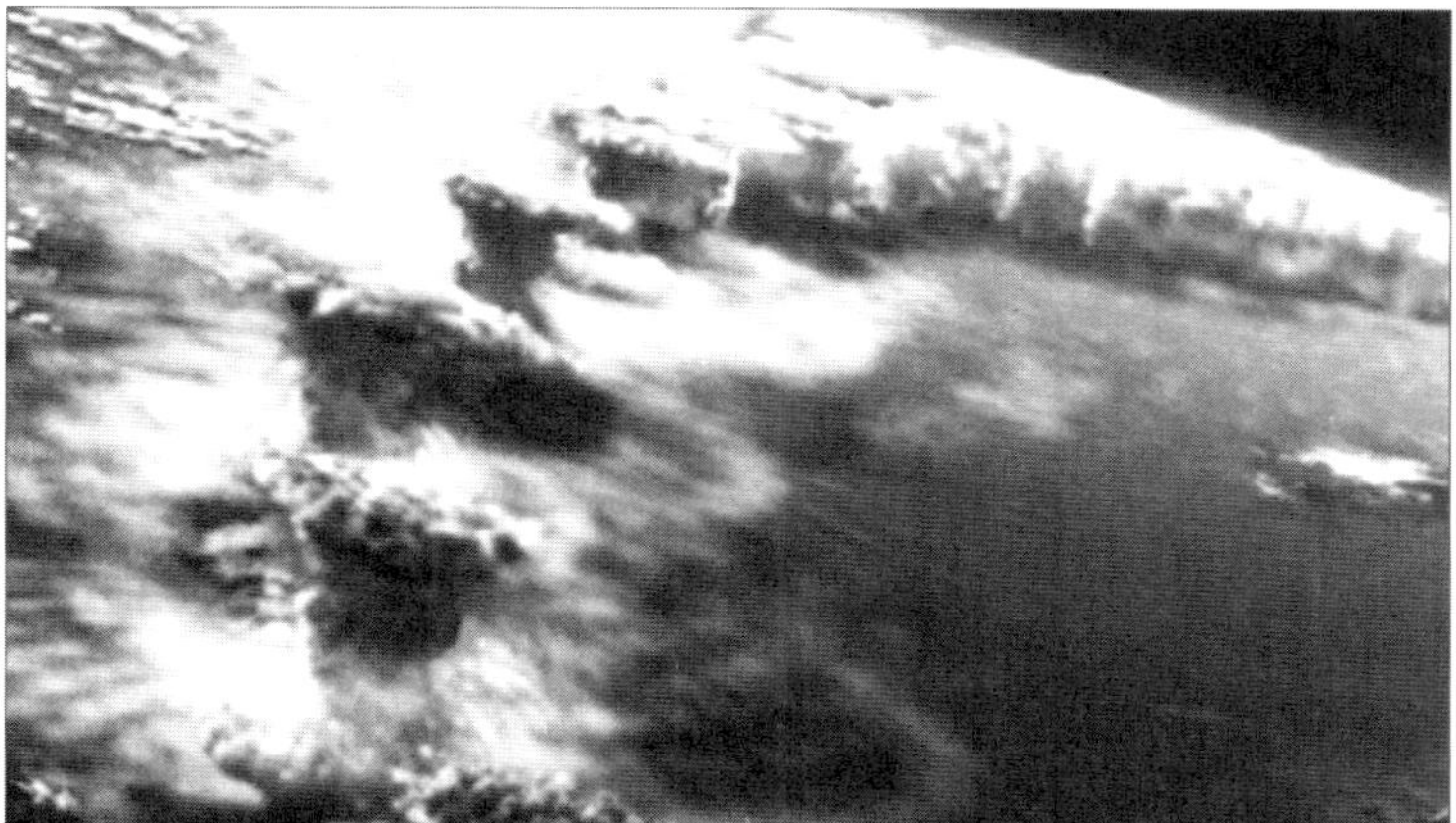

2006年版映画「日本沈没」のクライマックスシーンでは、「わだつみ2000」が海底に仕込んだ爆薬が次々と起爆し、太平洋上に巨大な水柱が噴き上がる（上）。間一髪で日本列島は沈没を免れた。

だから、やっぱり、日本人は、外国との関係は、下手《へた》は下手だと思うね。ＥＵからも爪弾《つまはじ》きにされるし、たぶん、中国の考えてる未来のなかからも消えていて、入ってないし。

アメリカとだけはつながってるけど、アメリカだって腹黒《はらぐろ》いからね。利用できるだけ日本を利用するけど、日本のために、アメリカ人の命を、そんなに（血を）流したいわけではないのは分かってるので。利益がなければ、（そんなわけは）ないので。

日本っていう国はね、もう「日本沈没」風に考えると、消えてしまえば、はっきり言って、何の富もない国ですからね。取っても、何にも意味のない国なので。

役に立つのは、対ロシア、対中国の「防波堤《てい》」としてのみ。あるいは、アジアで紛《ふん》争《そう》が起きたときの「基地」としてだけ役に立つ。日本というものの使用価値は、それだけしかないんだよ。

だから、今は、アメリカに協力するのを反対する勢力が、沖縄《おきなわ》を中心に強くなったよね？　これらは亡国の勢力で、〝日本沈没〟へ向かってる人たちですね。日本の存在意義は、もうほかにないんだから。何にも産出《さんしゅつ》しない。アメリカ人は、お米をそんなに食べてくれないしね。もう、(存在意義が)あんまりないんだよ。あとは「水」ぐらいだね。インド人とかは、日本の清《きよ》らかな水を飲みたい。中国人も飲みたい。だから、今、日本の水源地を、中国人なんかは買い漁《あさ》っている。土地をね。安いから。

で、水をペットボトルに入れたら、ペットボトル一本分が、石油一本分と同じぐらいの値段で売れるんだからねえ。こんないい商売はないよ。水が石油と一緒なんだからねえ。

伝統を重んじる「日本の神様」の遺伝子を変えるのは難しい

綾織 「未来を変えていく」という意味では、先ほどのお話で行くと、「地上の人たちの気持ちが変わって、日本の明るい未来を支持する人が多くなれば、その方向に向かっていく」というシンプルな話になるのでしょうか。

あるいは、天上界の未来学会の方々の、特別な働きかけがもう少しあって、変わっていっているところもあるのでしょうか。

小松左京　うーん。日本の神様がたには、何か、「過去」を愛していらっしゃる方が多くってね。

綾織　はい。

小松左京　「過去」を愛していらっしゃる。「伝統」とか、「歴史」とかがお好きで、心は常に過去に向かっている傾向《けいこう》が強いので、この〝遺伝子〟を変えるのがけっこう難しい。

斎藤　では、小松先生は「未来への遺伝子」がお強いのですね。

小松左京　うーん。例えば、皇室なんかね、いまだに、十二単《ひとえ》を着て婚礼《こんれい》をやるでしょう？　雅子《まさこ》さまが結婚されるときは、もう四十キロもの十二単を着て、ウンウン言って歩いてたよね。ハーバード帰りの女性が、ウーン（と唸《うな》りながら）、四十キロの服を着て、床《ゆか》の上を歩いて。

もうああいうのは、いいかげん、やめてほしいでしょうね。「ウエディングに替《か》えてくれないかな」と、やっぱり思うでしょうけど、そういう伝統を重んじて、やってるわな。

やっぱり、このへんが、日本という国の、ある意味でのネックはネックかな。つまり、「歴史は自慢《じまん》の一つではあるけれども、それだけで、国際競争力っていうか、外国への説得力として通用するものじゃあないんだ」っていうことかな。

例えばの話、今、外国人で、誰《だれ》が十二単を着ますか？

5　地球の運命はへそ曲がり!?

「氷河期《ひょうがき》があった以上、温暖化だけだと思ってはいけない」

高間　「日本が世界にどのような貢献《こうけん》ができるか」という、非常に大事なお話を頂いていると思うのですが……。

小松左京　うん。（高間を指して）あっ、君、古い人間やねえ。胸のポケットにボールペンを差してる。

高間　（苦笑）

小松左京　一九七三年の「日本沈没《ちんぼつ》」の時代は、みな、差してるから。

高間　（笑）

斎藤　（笑）細《こま》かい観察力ですねえ。

小松左京　二〇〇〇年代の日本人は、それ、差さないんだよ。

高間　いや、外見は古いですけれども、中身は、なるべくリニューアルするように頑《がん》張《ば》っています。

小松左京　君、すごい古いよ。古いわあ。君、年は、もう六十歳《さい》ぐらい？

高間　心は十八歳です（笑）。

小松左京　ああ、心は十八。そうかあ。いやあ、古いなあと思ったから……。

高間　ところで、先生の実質上の遺作として、『日本沈没 第二部』というものがあります。

小松左京　うん。

高間　このなかで、私が非常に感銘《かんめい》を受けたのは……。

小松左京　君、ちょっと、「言葉選び」ができすぎるんじゃない？　感銘なんか受けるようなもんじゃないんだよ。

高間　いえ、これは冗談《じょうだん》抜《ぬ》きで、本当に心を揺《ゆ》さぶられたのですが……。

『日本沈没』の続編である『日本沈没 第二部』は2006年、谷甲州との共著で発刊。さらに、第三部の構想として、谷とは「日本人はもう宇宙まで行くしかない。宇宙にメガフロートをつくろうか」と語り合っていたという。

小松左京　はあー。ほおー。

高間　そのなかには、「地球シミュレータ」というものが出てきます。今、世界では温暖化が問題になっているけれども、これによって、「実は、寒冷化していく」という未来予測を日本が提示するのです。そして、日本は、日本再建計画を放棄《ほうき》して、寒冷化対策のために貢献するというシナリオと実行がありました。

今、「寒冷化していく」というのは、非常に斬新《ざんしん》な視点だったのですけれども、このあたりは、どうでしょうか。

小松左京　全然、斬新じゃないよ。それは、地球の歴史を見たら、あなた、「氷河期《ひょうがき》」と「温暖期」とが交互《こうご》に来たのは分かってることだから（笑）。

日本の歴史は、二、三千年と思ってる人が多いけど、やっぱり、一万年ぐらい前に氷河期が終わって、海面が上がって、沈《しず》んだらしいっていうことは分かってるわね。

沖縄《おきなわ》に、ムーの遺跡《いせき》じゃないかといわれる階段というか、〝ピラミッド〟等が沈んでいるのからも分かるように、もうちょっと出てた可能性は高いよな。要するに、今、島になってるところが山の頂《いただき》だった可能性はかなり高いので、おそらく、一万年ぐらい前まで文明はあったんだと思われるけど。

まあ、氷河期があった以上、「温暖化」だけすると思ったらいけない。当然、次に、地球の「寒冷化」が波として出てくる。だいたい、人間の知恵《ちえ》っていうのはどっ外《ぱず》れて、反対に動くもので、「温暖化を何とかして止《と》めようと思ってやっと

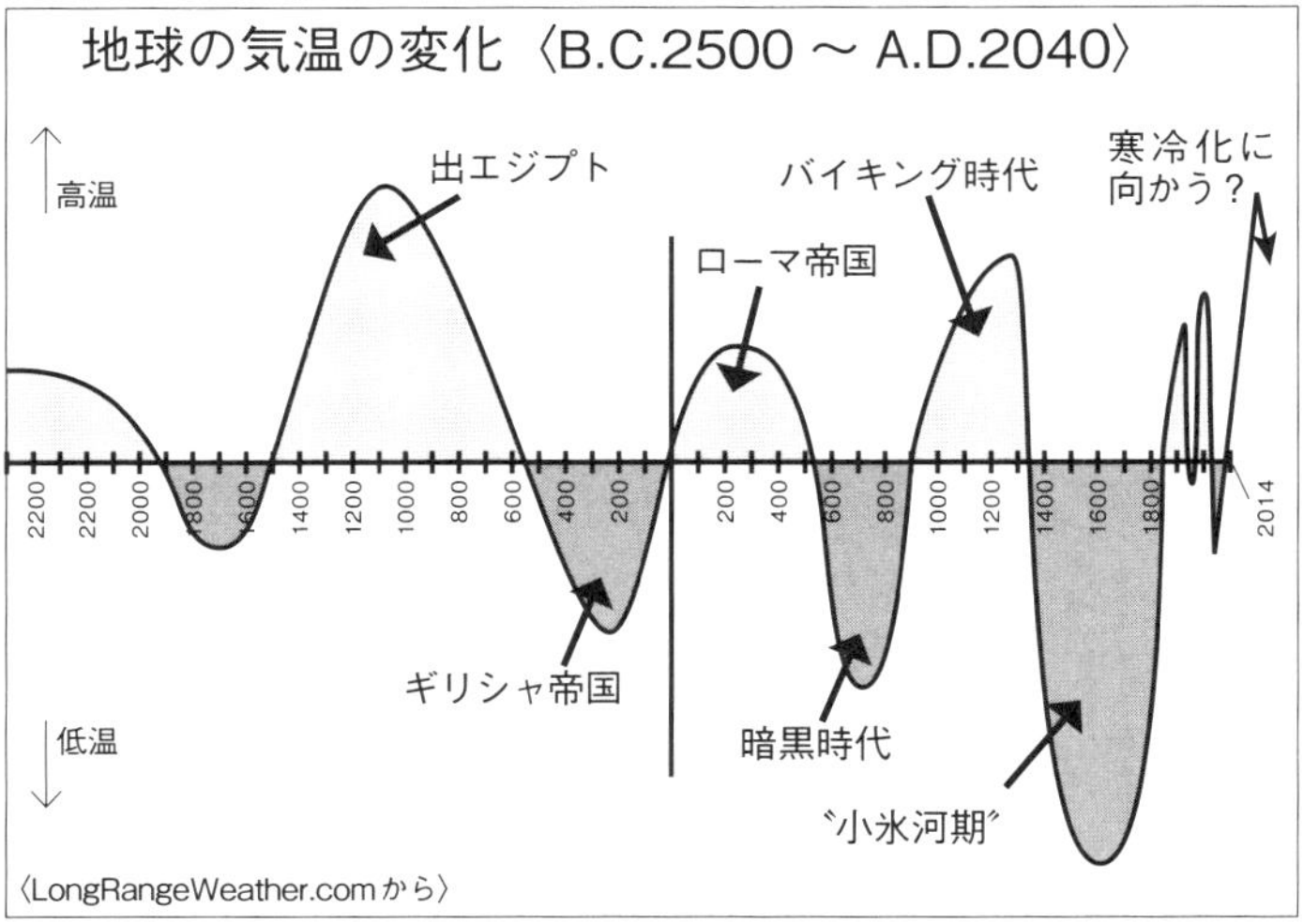

2006年にリメイク版映画が公開されたとき、小松左京は「地球温暖化」について、「現在の人類にとって経済的にも政治的にも深刻な問題であることは事実だが、その分析は近視眼的な見方である」と警告した。CO_2排出が温暖化の元凶とは言い切れず、「地球史」という長いスパンで見ると、現在は「間氷期」であり、「現在の温暖化はやがて来たる氷河期の前兆・ブレに過ぎない」という見方を呈示している。

ったら、寒冷化が始まる」っていうことはあるわねえ。十分、温暖化したら、次は反対になる可能性があるんで。

寒冷化させようとしたら、まあ、太陽の光の当たり具合が変わっただけで、そうなりますから。それだけで寒冷化することはありますからねえ。

例えば、小惑星《しょうわくせい》とかが来てだねえ、ぶつかるでもいいし、月に当たってもいいし、何でもいいけど、その粉々になった破片が、大気圏内《けんない》で地球の周りを取り巻いただけでも日照量《にっしょうりょう》は落ちますからね。簡単に落ちますので、どうなるかは、なかなか分からないですねえ。両方ありえることやねえ。

だから、寒冷化は、そんなに珍《めずら》しいことではないと思うよ。

寒冷化が進んだ地球は、どうなるのか？

斎藤　今、世論《よろん》がというか、科学のほうでも、「温暖化だ」と言っているときに、確か、先生は、ご生前のインタビューで、「現在は、第四氷河期から第五氷河期のインターバル期間に当たっている」と答えておられました。それは、先生が七十数歳のときだったと思いますが、「すごいなあ」と感じたのです。「逆張り」というか。そこは、ただ〝メシの種〟だけを考えていたのでは出ないように思うのですけれども……。

小松左京　ここの先生だって、そう言ったんじゃないの？

斎藤　はい、そうです。大川総裁も、同じことをおっしゃっていました。

小松左京　「CO_2が増えて、地球が温暖化する」って言われてるときに、「寒冷化するかもしれないよ」と言ってた。

斎藤　はい。

小松左京　言ってたよねえ。「もしかしたら、暖《あたた》めなきゃいけないかもしれない」って……（『救世の法』『ニュートンの科学霊訓《れいくん》』〔共に幸福の科学出版刊〕参照）。

斎藤　はい。「逆だ」と言っておられました。

小松左京　一万年ぐらい前までは、氷河期があって、それが終わって（氷が）溶《と》けてきたのが分かってはいるので、たぶん、それと、「ムーやアトランティスが沈んだ」っていうのには関係があるはずなんで。

「寒冷化が進んだら、どうなるか」っていうと、今度は沈んだものが出てくるようなことが、何か起きるんじゃないかなあという感じはしますね。例えば、（小笠原《おがさわら》諸島には）西之島《にしのしま》なんかも出てき始めたけどねえ。

斎藤　はい。

小松左京　あんなふうに、ボンボン火が噴《ふ》いてさあ、噴火《ふんか》して、島が出てきて大陸浮《ふ》上《じょう》してきたら、それで行くと、地球はCO_2だらけでさあ、大気圏がCO_2でいっぱいになってくるし、今度は、ガスが太陽の光を遮《さえぎ》り始めて、寒冷化が進んでくるわなあ。

そうすると、今、海の底だったものが外へ出てくることもあるだろう。地球のなかのマントルが、どういうふうに動いてくるかは知らんが、寒冷化してきたら、今、移動しているようなやつが固まってきたり、周りのマグマなんかが噴出してきて固まったり、まあ、いろんなことが起きるだろうなあとは思うけどなあ。

「運命っていうのはねえ、へそ曲がりなんだよ」

小松左京　このへんについては、よく分からないんだけども、だいたい、運命っていうのはねえ、へそ曲がりなんだよ。

斎藤　（笑）

綾織　うーん。

小松左京　だいたい、みんなが考えてる反対を考えとると、そうなるんだ。

斎藤　へそ曲がりですか。

小松左京　うん。

綾織　ある地震《じしん》学者の方がおっしゃっていたのですが、「このへんに地震が起こるだろうと予測していたら、必ず、そうではないところに起こる」と。

小松左京　そうでしょう? 最初の「日本沈没」だって、まずは、東海の地震あたりを想定してた。あの時代は、そうだったからねえ。

綾織　はい。

小松左京　東大の助手の石橋《いしばし》さんだったかな？「東海地震がもう起きるぞ」みたいに言ってて、何十年も起きないで、ねえ？　起きたのは、全然違《ちが》うところだった。「絶対、起きない」と言われた神戸《こうべ》に起きたりねえ。

綾織　はい。

小松左京　「日本沈没」の第二作では完全に安全だった福島《ふくしま》なんかが、（原発事故で）避難《ひなん》地域にもなってたり、まあ、皮肉なもんで、逆になったりするもんなんだよなあ。だいたいねえ、神戸のときもそうだったよね。私は近所（箕面《みのお》市）に住んでいたけども、「神戸は絶対、地震が起きない」って、岩盤《がんばん》のように信じてたよね。それで、芦屋《あしや》の高級住宅は値打ちがあったんだろうけど。今、「絶対に地震が起きない」なんて言ってるようなところは、ニューヨークのマンハッタンとかだよ。（マンハッタンは）地震が起きても、岩盤がしっかりして、地震が起きないからって、水面ギリギリの島の上にあんな高いのを建てているけど、あれ、来たら一発だぜ。

斎藤　すごい笑顔でおっしゃっていますけど。

小松左京　いや、いや、喜んじゃいけない。喜んじゃいけないけど、いや、向こう（アメリカ）も、ちょっとぐらいは先の大戦の反省をしていただくためにね。

斎藤「マンハッタンは、地盤が固いからといって、それで安全ではない」ということですか。

小松左京　うん。あんた、だって、下はもう、〝液状〟なんですからね。

斎藤　固い岩盤の下は、液状のマントルがあります。

小松左京　そうなんですよ。お風呂《ふろ》の底みたいに、〝湯〟はグルグル回ってるんです。

綾織　「予想外のところに天変地異が起こる」と言われましたが、それを起こしている存在の意図《いと》というのは、どのようなものなのでしょうか。

小松左京　いや、面白《おもしろ》いでしょ？　だから、「絶対に沈まない」っていうところが沈んで、そして、「南極から、古い文明が現れてきた」なんて、SF的な趣味《しゅみ》で、面白いじゃないですか。「南極の氷がパカッと割れたら、百万年前の文明が現れてきた」なんていったら、面白くないか？

斎藤　いやあ……。それは、先ほどお話しされていた、霊界《れいかい》の未来学会で決めるんですか。

小松左京　知らん。それはよう分からんけど、民主主義的に、いろんな意見とか、案とか、作品とか、まあ、いろいろ出ます。ただ、誰《だれ》がどこで、どういう最終審査《しんさ》をして、どう決まっているかについては、ちょっと分かりかねるところはある。

綾織　そこは、また、別の世界があるわけですね。

小松左京　うーん、まあ、いろんなところに関係者はいらっしゃる。

斎藤　では、「その作品の内容や、感化力、支持率などによって決める」というのは、とても重要で、「できた作品が、どれだけ広がるか」というのが、この地球の運命や、人類の運命に直結しているっていうことですよね。

小松左京　まあ、『日本沈没』だって、それは何年か後になるか、何百万年後になるか、一千万年後になるか、何億年先になるかは知らんけど、いずれ当たるんだよ。いずれは当たるから、そのときに私は神として名前が遺る可能性が・・・・・・・・・・・・。

斎藤　それが当たるのは、四十億年か、五十億年ぐらい先なんじゃないですか。それは、ずいぶん先だと思うんですけど（笑）。

小松左京　エッヘヘヘヘ。いやあ、まあ、どっかで（土地が）つながってくっついちゃうかもしれないしね。分からないけどね。

小松左京氏が、今、「面白《おもしろ》い」と思っていることとは？

斎藤　今、心のなかで、「こうしたら面白《おもしろ》いなあ」と新しく思っておられることはありますか。

小松左京　うん。やっぱり、西之島ね。西之島新島が噴火して、富士山《ふじさん》みたいなのができちゃった。あれ、小《ち》っちゃいのがね。なんか、浮上してきて、東京ドーム十五個か、二十個分ぐらいあったかな。

斎藤　はい。

小松左京　あれ、もうちょっと大きくなると面白いね。こう、ガーッと続くとね。

斎藤　それは、具体的には、どのようなところが「面白い」と感じられるのでしょうか。

小松左京　え？　だって、日本の形が変わるって、面白くないか？

斎藤　「日本の形が変わる」と思うと、面白いわけですね。やはり、日本の形は、どうしても変えたいのですか。

小松左京　面白いじゃないですか。「国づくり」ですから。

斎藤　「国土が大きくなる」ということですね。

小松左京　だから、『古事記《こじき》』の、（棒でかき混ぜて、先から雫《しずく》を垂らすようなしぐさをしながら）こうやって、島づくりの〝ポトポトポト〟を、現実に今、見てるわけだからさあ。だから、あれ（西之島新島）だって、きっと、天上界《てんじょうかい》の矛《ほこ》で混ぜて、ポトポト落としている人がいるわけだよ。

斎藤　「天沼矛《あめのぬぼこ》」ですね。

小松左京　誰かがあれをつくってるんだ。あれだって、まだ、リーディングしてないんだろうが。誰がつくってるのか、訊《き》かないかんわなあ。

斎藤　国生《くにう》みの神話ですか（苦笑）。

小松左京　あの世で、昼寝《ひるね》をしながらかどうかは知らんが、構想して、「島ができるといいなあ」なんて思ってる人がいて、それで、島ができたら、「ここでこんな都市をつくったり、文明をつくったりする」みたいなことを考えてるやつがいるんだ、きっとな。

斎藤　つまり、考えていると、そういう力が出てくるということですか。

小松左京　うん、そう。出てくるんだよ。

『古事記』には、伊邪那岐命《いざなぎのみこと》・伊邪那美命《いざなみのみこと》の二柱の神が天沼矛で渾沌《こんとん》とした大地をかき混ぜたときに、矛の先から滴《したた》り落ちたものが積もって、淤能碁呂島《おのごろじま》（日本列島）となったという神話がある。（絵：小林永濯）

成長を続けている西之島新島（下）

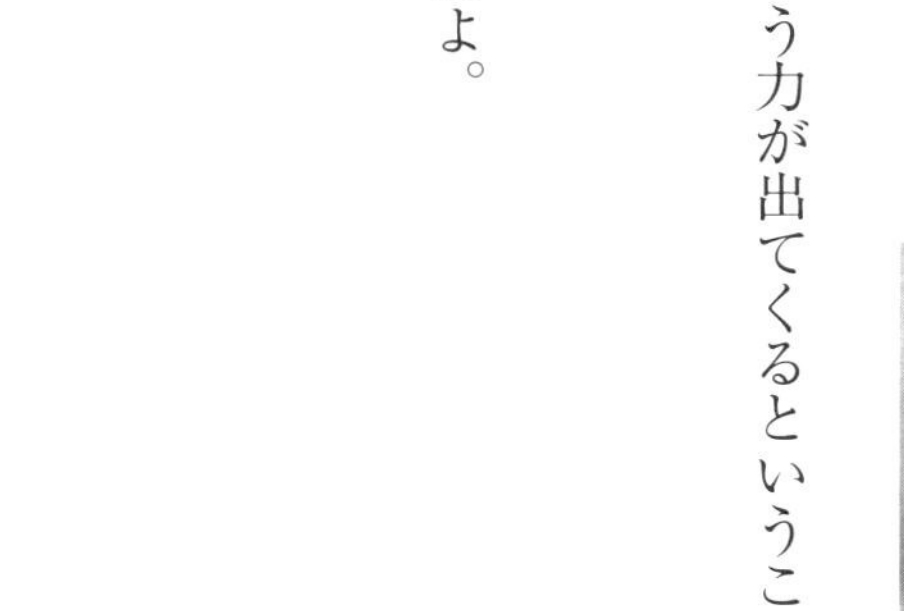

6　小松左京流「預言者が迫害《はくがい》を受けない心構え」

天変地異には「ほめて伸《の》ばす型」のものもある？

綾織　天変地異というと、今までに出てきたいろいろな話によれば、地上にいる人間の精神性の問題だったりするのですが、そうではない、ポジティブな理由のものもあるのでしょうか。

小松左京　いや、二通《ふたとお》りあるんだよ。だから、クラス担当でもさ、「出来が悪い」って言って、ガミガミ怒《おこ》ってばっかりいる先生もいれば、「よくできる」って言って、ほめて伸《の》ばす先生もいるように、二種類ありうるね。両方あるんだよ、基本的にね。

綾織　では、今は、ほめて伸ばすほうなのでしょうか。

斎藤　そういうのは、今まで聞いたことがありません。天変地異の原因としては、〝新型〟のような感じです。

小松左京　だから、「人類は生意気《なまいき》だから、もう、ぶっ潰《つぶ》してやろうか」と言って、「祟《たた》ってやろう」っていう、祟り神ね。「祟り神型」でやるのと。

斎藤　確かに、今、そのような震災《しんさい》が多いです。われわれも、そこのところをとても感じています。

綾織　実際に、祟りかどうかはあれなんですけれども、神々の怒《いか》りはあると思います。

小松左京　「いやあ、よう頑張《がんば》ってるなあ」と。だから、「もっとこれ、持ち上げてやろうか。もうちょっと発展させてやろうか」みたいな人もいるわけよ。「これは、面《おも》白《しろ》いなあ」っていうねえ。

斎藤　「発展させてやろうか」と。はああ……。

小松左京　うん。だから、もうそれは、（斎藤を指して）おまえみたいなやつがねえ、編集して出してる本が、このくらいしか売れないっていうことは、やっぱり、許せんから。

斎藤　そっちに行きますか（苦笑）。

小松左京　「ほかの出版社のところに、直下型地震を起こして、全部ぶっ潰して、もっと、どの本も、百万部以上売れるようにしてやろうか」とか、やっぱり、思う人もいるわけよ。

斎藤　本当に申し訳ありません。

小松左京　それで、向こうにとっては〝祟り神〟で、あんたがたにとっては〝福の神〟だったりすることもあるわけよな。

斎藤　なるほど。

小松左京　君ら、新潮社《しんちょうしゃ》の直下型地震なんか、願っとるだろう?

斎藤　いえ……(苦笑)。

小松左京　だから、今、協力しようと思ってる人は、きっと天上界《てんじょうかい》に誰《だれ》かいるよ。

斎藤　そうなんですか(苦笑)。

小松左京　「あの直下で、ナマズが暴れられないか」と思って、思念《しねん》を集中している人がいるかもしれないねえ。

斎藤　はああ……。

小松左京　うーん。たぶん。

綾織　まあ、そうかもしれませんけども（苦笑）。
迫害《はくがい》を受けないような注意も必要

綾織　天変地異の関係で言うと、気になるところとしては、お亡《な》くなりになった年に起きた、東日本大震災のことです。あの世に還《かえ》られて、今、この地震の意味というのは、どのようにご覧になっているのでしょうか。

小松左京　いや、ここは、表現が難しいところですね。

いやあ、「私の書いたシナリオが、着々と進行してる」と思って、作家として喜ぶ半面もあったが、この世的に見て、悲しんでいるように見せなければいけない半面もあって、両方あるわな。

斎藤　先生は、幼少期に育ったところが神戸《こうべ》のほうの西宮《にしのみや》市で、終戦あたりにはそこに住んでおられたと思います。

そして、一九九五年に、ご自身で、阪神・淡路大震災の取材を綿密にされて、非常に敬虔《けいけん》な心というか、宗教的な心もお持ちになりながら、SF作家の視点ではなく、ルポライター的なところから、「どのような被害《ひがい》があって苦しんだのか。また、どうしたら対応できるのか」というようなことをご本に書かれて、上《じょう》梓《し》されました（『小松左京の大震災'95――この私たちの体験を

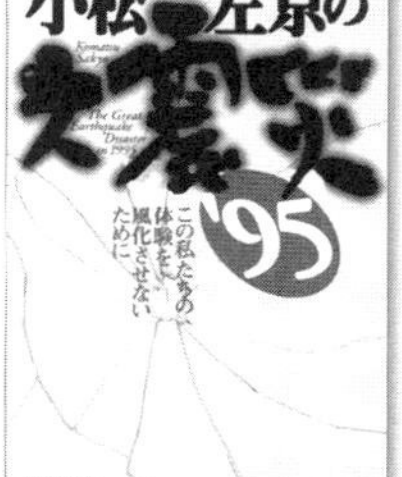

被災地・神戸の状況を取材、考察したドキュメンタリー『小松左京の大震災 '95』。『日本沈没』発表当時、専門家からは「高速道路が倒れることなんてありえない」と指摘を受けたこともあったが、大震災で阪神高速道路の一部が横倒しになった映像を見て、自分のイマジネーションが現実化したことに非常に強い衝撃を受けたと述懐している。

風化させないために』)。

小松左京　いやあ、そのときは、あんまり「(書いたことが)当たった、当たった」って言って喜ぶと、五島勉《ごとうべん》みたいになって、謝罪しなきゃいけなくなるからさ。〝不幸産業〟の場合ね、「当たった、当たった」と言ったら。

彼は、「一九九九年七の月」というようなことで、あんまり儲《もう》けすぎたからさ。もう、一生懸命《いっしょうけんめい》、謝罪をして回ってたわな(注。五島勉氏は、一九七三年に『ノストラダムスの大予言』という本を執筆して大ベストセラーとなったが、その後、予言内容について批判を浴び、読者に不安を与《あた》えたことを、一九九九年にマスコミを通じて謝罪した)。

そうしないと、殺されるからね。気をつけないと、石をぶつけられて殺されるからな。

だから、「こういうのは、あくまでもSFであって、望んでいたわけじゃないんだ」みたいなところは、やっぱり、上手にやらないと。

斎藤　先生は、とても人間性が深くて……。

小松左京　ヒューマニティーは、ヒューマニティーだ。

斎藤　はい。ヒューマニティーの深い方だなと思っていたのです。分厚《ぶあつ》い本で、かなりの量の報告記事がバーンと載《の》っていました。「バランスがすごいな」と思いますし、人間的な幅《はば》も、とてもお持ちだと思います。

小松左京　いやあ、そう思ってもらうことが大事なんですよ。だから、そのへん、君たちも気をつけないといけない。それはね。

斎藤　はあ……。

小松左京　うん。だから、預言者で過去、迫害《はくがい》を受けた人は……。だから、「預言者の迫害はいけない」という考えもあるけど、「迫害を受けるような打ち出し方をしすぎた」っていう面も、やっぱり、個人的には、ないわけではないわなあ。

斎藤　はあ。預言者的なスタイルを持っておられますねえ。

小松左京　例えば、イエスみたいに、「この身は打ち壊《こわ》して、三日のうちに建《た》て直してみせるだろう」みたいなことを言ったら、打ち壊したくなってくるよね、人だってな。だから、生き方は、ちょっと気をつけないといけないわね。

斎藤　そのあたりの生き方も、自分でいろいろとライフデザインをされているということですか。つまり、「真心を持ちながらも、自分の人生にプラスを生んでいく」という生き方でしょうか。

小松左京　うーん、まあ……。いやあ、君らが、もうちょっと自己本位に物事を考えるとしたらだねえ、幸福の科学の教えが世界宗教になるためには、邪魔《じゃま》になるものは幾《いく》つかある。分かるよね？

斎藤　はい。

小松左京　それを天上界から見ていて、「どうやったら取り除《のぞ》けるだろうかな」と考えるとだねえ、ＳＦ的には、いろんな方法はないわけではないわね。ただ、それが露《ろ》骨《こつ》に、敵対的に見えたり、相手に害を与えるように見えたりしてはいけないあたりは、あるわなあ。

斎藤　はあぁ……。

小松左京　まあ、そういうシナリオを書く力のない人には、未来は拓《ひら》けないところはあるわな。やっぱり、未来を拓きつつ、自分らの生存も図《はか》らなければいけないわけだな。うん。

ＳＦ作家は「地球神」のようなもの？

斎藤　先生は、意外と仏教的な視点も、そうとう勉強されていましたよね。

小松左京　いやあ、もう、何でも勉強してますよ、ええ。京都だからね。仏教だったら、それはねえ、逃《に》げられませんよ。

だから、（手を一回叩《たた》く）あれ（二〇〇六年版映画「日本沈没《ちんぼつ》」）のときだって、「日本人を避難《ひなん》させるよりも、仏像を避難させる」とか、そんなのが話題になったこともありますけどねえ。

斎藤　そうですね。映画では、その映像が出ていました。

小松左京　まあ、「日本人なんかどうでもいいのであって、国宝級の仏像のほうが、まだ、値打ちがあるんじゃないか」みたいな。外国から見りゃあね。日本って、そんなもんで。

斎藤　「人命よりも、国宝重視」ということですね。

小松左京　ええ。そうなの。「仏像みたいなのに値打ちがある」と思ってるところがある。

斎藤　外国から見れば、仏像のほうが価値が高いと見るわけですね。

小松左京　うん、そう。まあ、言ってみれば、日本っていう国は、〝骨董屋《こっとう》〟なんだよ。骨董品なんだよ。うん。

2006年版映画「日本沈没」では、寺院から仏像を搬出して避難させるシーンが描かれている。

斎藤　そういうことについても、「外から見る目」というのは、すごいですね。そのように、いろいろなところに魂《たましい》をポンッと飛ばして、外から見るような感じで、小説を書いているのでしょうか。

小松左京　うーん、そうかなあ？　そうだねえ、まあ、ＳＦ作家って、ある意味で「地球神」だからね。まあ、言ってみりゃあね。

斎藤　え？

綾織　ほお。

小松左京　まあ、「地球神」というか、地球全体を取り巻く、こう……。

斎藤　つまり、地球全体をグローバルに見ているということでしょうか。

小松左京　何て言うか、宇宙まで見て、宇宙創成《そうせい》や地球創成もやってみたくなる。任されたら、ちょっと粘土《ねんど》みたいにこねて、つくってみたくなる気持ちはあるから、まあ、気持ちとしてはねえ、〝造物主の気持ち〟は、一部は持ってるわけよ、ＳＦ作家っていうのはね。

小松左京（1931 ～ 2011）

小松左京の人生観の一つには、「肯定的な未来観」と「仏教的な世界観」があった。代表作『日本沈没』を書き始めた動機は、戦争で国を失う恐怖を味わった日本人が高度成長に浮かれていることに対する警告だったというが、単なる警告に終わらず、「未来に何があろうとも、人間の知恵というものは、悟りを含めて最後には必ず勝つものだ」という未来志向の信念を語っており、その根底には仏教的な世界観が深く影響を与えていた。

同氏へのインタビューでは、「あの世はあると思っている。それは釈尊の教えのほうだ」と明言している。また、著作ののなかでは、「仏教は、そのスケールの大きさに驚かされます。その宇宙論的な時空間感覚の雄大さは、そのまま現代科学のもたらした『宇宙論』の巨大さに通ずるところがあるでしょう」「仏教はすでに、はるか昔に、こういった人間の日常感覚を絶するような、巨大な時空間量のイメージをうちたて、その上でなお、人間がその『虚無』に耐え、それをのりこえて行く方法を開発しているように思います」と述べている。

（写真：『日本沈没』執筆当時の小松左京）

7 小松左京氏が考える「改憲しなくてもできる国防策」

小松左京氏は今、「戦争」への関心を持っている

綾織　最近のことや、近未来のことでいいのですが、小松先生は、どのようなシナリオを書かれているのでしょうか。

小松左京　いや、今、ちょっと、「戦争」に関心がある。

綾織　あ、「戦争」のほうですか。

小松左京　うん、「戦争」に関心がある。まあ、国会でもいろいろと議論はしてるみたいだけど、「憲法九条を守れ」「平和主義」とやってるなかで、もし本当に、積極的

に戦争してくる国があった場合に、「どのようなシミュレーションをすれば、この未来が変わる可能性があるのか」っていうのを考えてる。

いや、だから、今、一つのシナリオは、あれでしょ？　君らとしては、「やられる前に、火山の噴火《ふんか》と地震《じしん》で、日本人を殺してしまえば、占領《せんりょう》されることもない」と、まあ、そういうことなんでしょ？　ボンボンボンボン、火山が噴火して、地震が起きまくったら、「あんな国、恐《おそ》ろしくて、とても攻《せ》められない」ということで、撃退《げきたい》するという。もう、これは、〝切腹史観《せっぷくしかん》〟だね。まあ、言ってみればね。

斎藤　〝切腹史観〟？

小松左京　要するに、自分で切腹して、もう、（他国が）「襲《おそ》いかかってもしょうがない」っていう。まあ、これは〝切腹史観〟で、今、やろうとしているんじゃないかな、この感じは。

綾織　なるほど。

小松左京　うん。

綾織　小松先生は、霊界《れいかい》では、どのようなものを書かれているのですか。

小松左京　だから、まあ、映画の「日本沈没《ちんぼつ》」の二作目で見たけど、「核《かく》兵器と同じぐらいの力を持ちながら核兵器ではないもので、海底を連鎖爆破《れんさばくは》して、沈没まで止める」っていう、あんなものがあったらだねえ、まあ、逆もありえるわねえ（注。二〇〇六年公開のリメイク版の映画「日本沈没」では、主人公の小野寺《おのでら》が、爆薬を仕込《しこ》んだ潜水艇《せんすいてい》を操縦し、深海へと潜《もぐ》る場面がある）。

だから、日本を攻撃してくるような国があったら、地下のマントルの流れを少し変えてだねえ、向こうに、戦争どころではないような事態を起こせば、戦争は抑止《よくし》できるっていうこともありえるわなあ。

綾織　ほお。なるほど。

小松左京氏の考える「憲法九条を変えずに防衛する方法」

斎藤　地球スケール的な兵器を考えていますね。

小松左京　〝あちら側〟の地下をよく研究してだねえ、どこをピンポイントで海底攻撃したらいいかをね。

斎藤　（笑）

小松左京　要するに、（潜水船の）「しんかい」で潜《もぐ》ればええわけだから、深海何千メートルのところへ潜って、そこに、核汚染《おせん》がないぐらいの核兵器級の爆薬を仕込んで、連鎖反応を起こせば、地下に異変が起きて、何らかの……。

例えば、バーンとバウンドする力があったりしたら、地震が起きたりするかもしれんし、海没したりするかもしれん。それで、「軍の基地があるあたりは、ちょっと沈《しず》んでもらおうか」とか、こういうことを考えれば、憲法九条にまったく関係なく防衛ができるな？　例えばの話なあ。

綾織　ということは、将来、日本に起こるであろう戦争に備えて、科学技術的に逆転する手を、幾《いく》つか考えられているということでしょうか。

小松左京　いやあ、火山を噴火させる、あるいは沈没させる、人工地震を起こす。できないことはないだろうなあ。

綾織　はあ。

小松左京　この研究をすればね。

それで、「しんかい」のような、何千メートルも潜るやつで、〝地震の巣《す》〟を刺激《しげき》できるような地下のポイントとか、あるいは、地殻《ちかく》変動を起こすようなポイントとかを探《さぐ》り当てて、その何千メートルの地下で、そういう工作をした場合は、（相手が）まったく分からないままに……。何なら、「不幸な地震が起きまして……」って、お悔《く》やみの弔電《ちょうでん》だけ打っとれば、防衛しなくても済むことはあるでしょうねえ。

北朝鮮《きたちょうせん》の核《かく》兵器に対しては「白頭山噴火《はくとうさんふんか》の〝ツボ〟を探す」

綾織　ということは、やはり、科学技術が……。

小松左京　北朝鮮《きたちょうせん》の核《かく》ミサイルがいっぱいあるのに、君らは打つ手が何もないんだろう？

綾織　今の時点では、そうですね。

地球表層部を覆《おお》う「プレートの境界線上」に集中する〝地震の巣〟

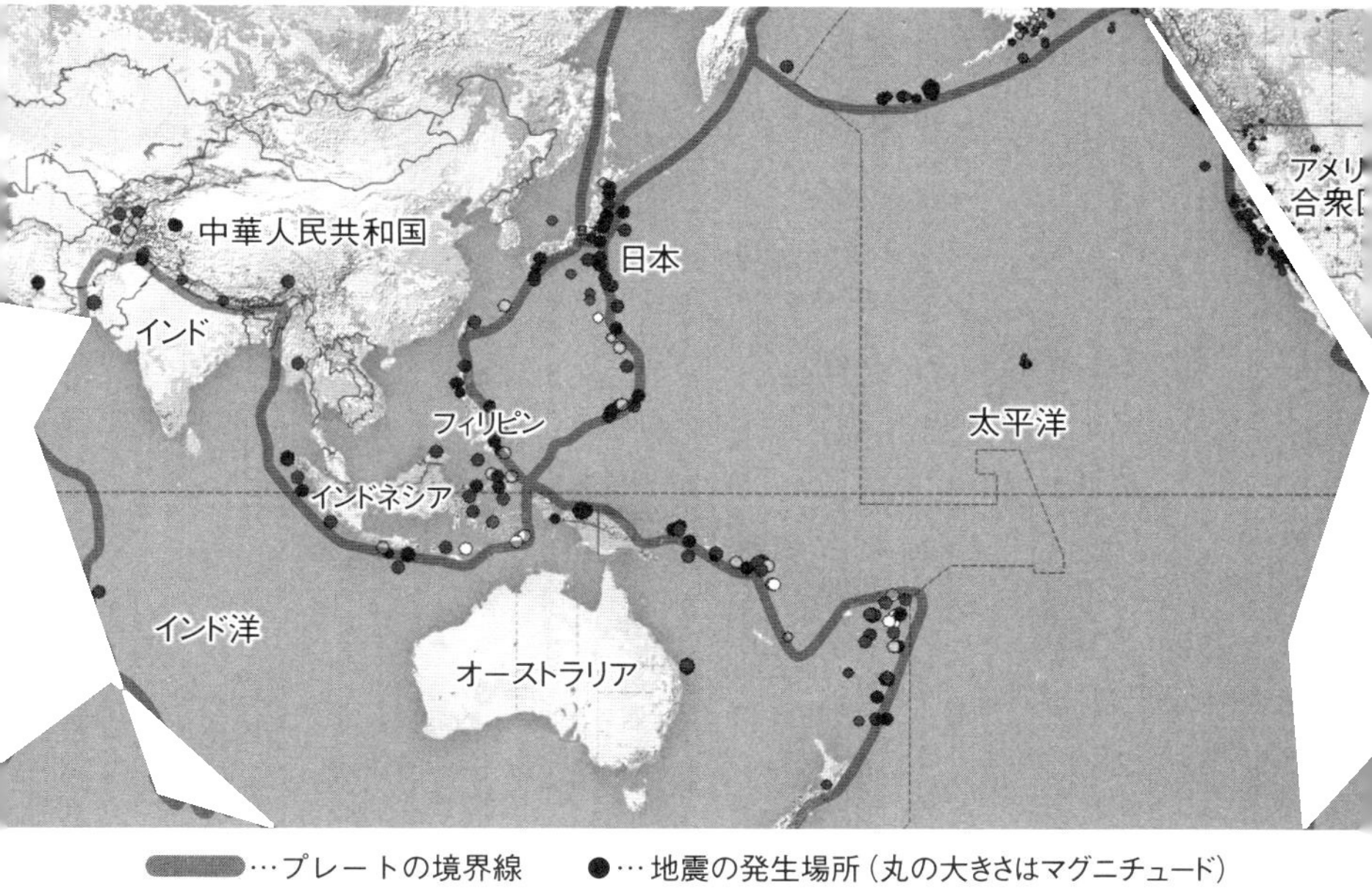

〝地震の巣〟とは、地震の頻発地帯を表す言葉。世界各地で発生する地震状況をリアルタイムでモニタリングしているアメリカの地震研究機関 IRIS の最新データを見ると、その場所は、日本、フィリピン、インドネシア、オーストラリアなど、ちょうど地殻のプレートの境界付近に集中していることが分かる（上図）。

小松左京　「(拉致被害者《らちひがいしゃ》を) 返してくれ。困ったなあ。核兵器をつくられて困ったなあ。拉致された人は、百人以上はいるらしいけど、返してくれんなあ。困ったなあ」。

それしかないいんだろう?

綾織　はい。

小松左京　例えば、「白頭山《はくとうさん》を、どうやったら噴火《ふんか》させられるか」っていう研究をするわけよ。

綾織　おおー。なるほど。

小松左京　あれは、わりに近いから、いわゆる鍼灸《はりきゅう》で言やあ、その白頭山の〝ツボ〟はどこかを探っていけばだねえ……。

●白頭山　中国と北朝鮮の国境地帯にある標高 2,744m の火山。

斎藤　ほう。そのたとえは分かりやすいですね。

小松左京　ああ、経絡《けいらく》を探して……。

斎藤　経絡を突《つ》くのですか。

小松左京　うーん、「ここが〝ツボ〟だ。白頭山につながる〝ツボ〟はここだ」ということで、その〝ツボ〟をプスッと……。

斎藤　（笑）刺《さ》すと。

小松左京　うん。刺せば、白頭山はバーッと噴火するとすればさあ、核兵器なんてのは、もう、無力だよな。

斎藤　なるほど。そうすると、戦争どころではなく、無力化するわけですね。

小松左京　そうなったら、もう、難民だよ。みな難民になって、（他国が）救済に行かなきゃいけない。「救済に行く」というかたちで、占領できますよね。先進国はねえ。

斎藤　なるほど。

小松左京　例えばの話な。

斎藤　地球人離《ばな》れした、すごい発想ですね。

小松左京　そうかねえ。別に、地球人離れしてないよ。地球のことを考えてるから、そんなことはない。

斎藤　ああ（笑）、宇宙人ではない？

ウイルスの波及《はきゅう》がもたらす多大な影響《えいきょう》

高間　去年は、世界各地で「エボラ出血熱《しゅっけつねつ》」というものがありました。

小松左京　ああ、あった、あったね。これも、SFとしては〝面白《おもしろ》い〟ね。

高間　このあたりも、やはり、いろいろなシナリオとして出てきたのでしょうか。

小松左京　要するに、憲法九条に触《ふ》れずにやるとし

アフリカで猛威を振るっているウイルス性感染症、エボラ出血熱。推定で1.5万～2万人が感染し、感染者の半数が死に到っていると推定される。(写真：リベリア共和国の首都モンロビアで)

たら、兵器は駄目《だめ》なんでしょう？　武器は駄目なんだから、そういう「ウイルス系の研究」をして、小保方《おぼかた》（晴子《はるこ》）博士に新発明でもしていただいて、それを、どっかに持ち込んで、ポッと、ちょっと放して、それが流行《はや》ればいいんでしょう？　（注。ただし、世界の約九割の国で「生物兵器禁止条約」が結ばれている）

今の、韓国《かんこく》のＭＥＲＳ《マーズ》なんかのウイルスだって、中東から帰ってきた人一人から広がって、何千人も隔離《かくり》されたりしてるんでしょう？　あれだって、実際上、戦争と同じ〝効果〟はある。

綾織　ああ。

小松左京　これで、韓国経済は停滞《ていたい》し、観光客は激減し、強気で日本をいじめてた韓国大統領は、今、急に弱気になってきてるよねえ？

綾織　はい。

小松左京　あれも、（感染源は）中東から帰った一人？

韓国の病院っていうのは、親族がいっぱい、みんなで見舞《みま》いに来るから、ウワーッと広がっちゃう。院内感染を防げない。

だから、ああいうのを別のかたちで研究すれば、憲法九条なんか改正しなくても、抑止力をつくれないわけではないですねえ。

8　「科学」は世界の運命をどこまで変えられるのか

座《ざ》して滅《ほろ》びるのではなく「何が考えられるか」を考えるべき

綾織　先生の役割としては、そういう、「科学技術の力で運命を変えていく」というところがテーマになるのですね。

小松左京　いや、「何も知恵《ちえ》なくして、座《ざ》して滅《ほろ》びていく」っていうのはねえ、実際に滅びを経験した者としては……。

先の大戦で滅び、阪神大震災《はんしんだいしんさい》でやっぱり滅び、東日本大震災の大打撃《だいだげき》を受け、例えば、これから東海とか南海トラフとか、いろんなところで（地震《じしん》が）起きてきたり、あるいは、富士山《ふじさん》や、その他のところでも噴火《ふんか》するようなことがあるとしたらね、そういうのを座して待つだけではなくて、「では、どういうことが考えられるか」っていうことを、やっぱり、できるだけ考えるべきだよなあ。

綾織　はい。

小松左京　例えば、マグマが上昇《じょうしょう》して火山が爆発《ばくはつ》するなら、「マグマの温度を下げる方法はないのか」とか、そういうことを考えてもええわねえ。

地震《じしん》のエネルギーが噴《ふ》き出す〝ツボ〟は世界中にある

綾織　まさに、今の地球物理学者や地震《じしん》学者にとっては、そこが大きなテーマになってくるわけですね。

小松左京　そうなの。だから、富士山からマグマが噴《ふ》き上がらないように、例えば、別のところから抜《ぬ》くとか、そういう方法を……。これはあれだね、「血を抜く」のと同じだな。そういう方法はないかどうかだよな。

もう、富士火山帯が南海の孤島《ことう》までずーっとつながってるはずですからね。別のところで噴火させれば、富士山のところに上昇してくるマグマの圧力が減るのは間違《まちが》いない。別のところで噴火させればいいわけだからな、例えばの話。

斎藤　映画「日本沈没《ちんぼつ》」のリメイク版でも、北海道が分断《ぶんだん》され、日本列島がバーッと分断されていくようなかたちで、最後は、糸魚川《いといがわ》―静岡《しずおか》構造線に沿《そ》って、フォッサマグナのあたりがバサッと切れていました。何か連動して、ツボがつながっているような感じで描かれていましたね。

小松左京　ああ。だけど、日本だけに〝ツボ〟が

⑤日本はほとんど壊滅状態。富士山も臨界を超え、日本沈没は目前。

〈左図：2006年版映画「日本沈没」設定資料から〉

2006年版映画「日本沈没」の日本列島俯瞰シーン。日本各地で火の手があがっている状況が象徴的に描かれている。

なきゃいけないわけでは……。

斎藤　世界にもあると？

小松左京　世界中にあるでしょう。

斎藤　ああ……。

小松左京　チリで地震があっても、ねえ？　何かネパールまでつながるような感じに若干《じゃっかん》見えるから、やっぱり〝ツボ〟はポポポポポッとあるんじゃないんですかねえ。
　ハワイが噴火したり、日本が噴火したり、あれはつながってると思います。やっぱり、ある意味

①日本各地で地震、北海道と九州を中心に噴火が起こる。
②北海道は東西に割れ、九州は噴火で火の海に。四国は中央構造線に亀裂が入る。
③北海道、九州は壊滅状態。四国は完全に分裂する。日本中に裂け目が広がる。
④糸魚川と静岡を結ぶフォッサマグナが裂け、本州が真っ二つになる。

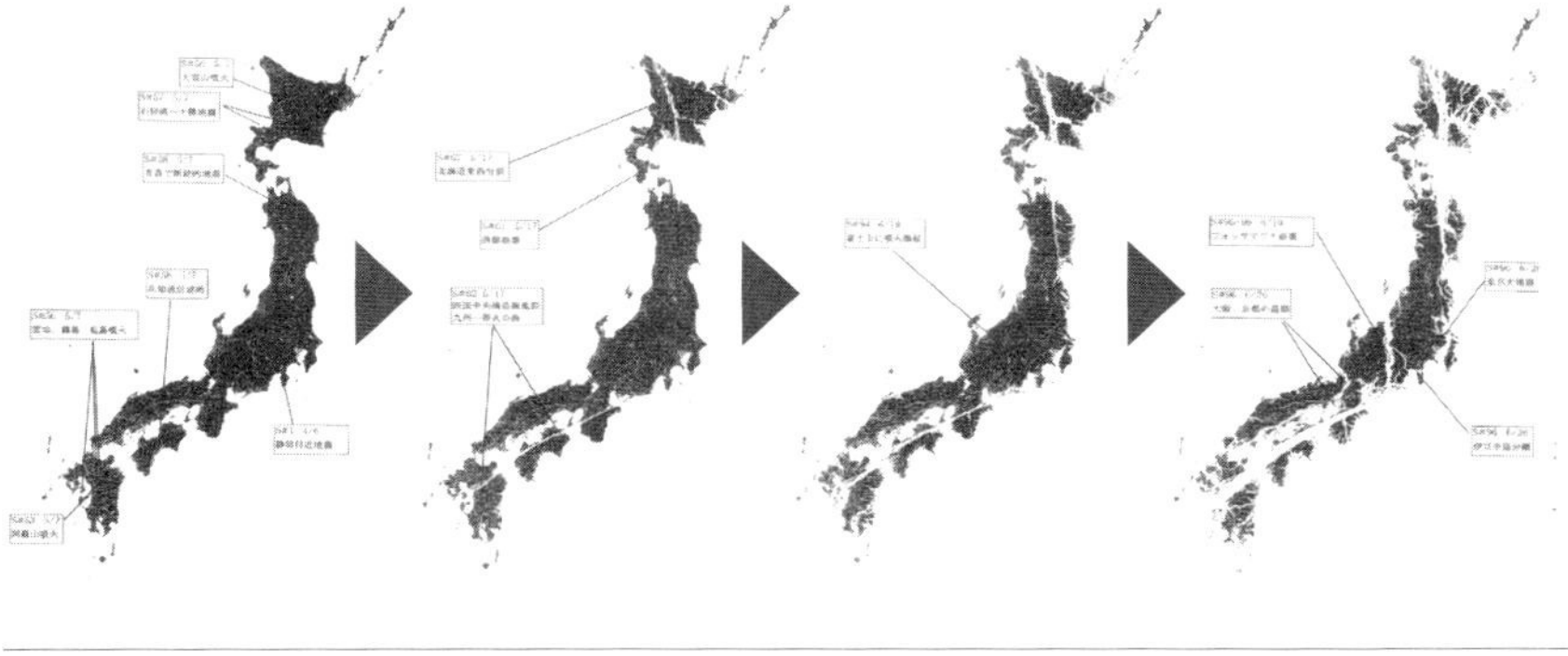

での〝ツボ〟だと思うんですね。

だから、これにお灸《きゅう》を据《す》えないかん。お灸のもぐさを積んでるところだよな? 全部ねえ。ここは熱が上がってきてるところだなあ。

これは、地球自体をスキャンできる力、科学的にもう一段、レントゲンみたいに見る力があれば、「どこでその力を抜けば、それを止められるか」っていう計算まで、たぶん立つはずだな、きっとね。

うーん、まあ、チリのあたりまでつながってくるわけですよ、それが日本までも。

それから、南米地震があったあと、総裁は確か、「(地震が)日本に来るかなと思っていたところが、通り越《こ》してネパールまで行っちゃった」(『天使は見捨てない』〔幸福の科学出版刊〕参照)という話をなさったと思うけども、たぶん、何か地下での連絡《れんらく》が

2015年4月に発生したマグニチュード7.8のネパール地震では多大な被害が出た(写真:倒壊したカトマンズ市内のホテル)。

あるようには見えるね。

これは、だから、鍼灸師《しんきゅうし》の感覚で、地球自体の体のどこを治すかという考えはあるんじゃないかねえ。うーん。

綾織　一般《いっぱん》的には、「プレートの移動によって地震が起こる」ということになっていますが、今の考え方ならば、そうではない理論になりますね。

小松左京　うん、まだ……、未解決の部分があるような気がする。

綾織　はい、はい。

小松左京　プレートの移動だけというのは、もう全部均一化して、同じように考えているんだろうけど、やっぱり地球の表面……、表皮《ひょうひ》のなかで、部分的に弱いところがあるから、何かちょっとした異常があると、その弱いところに噴出するということはありえるな。

綾織　ああ、なるほど。

日本の神様が智慧《ちえ》を使って噴火《ふんか》エネルギーを調整している？

高間　日本や、先般地震が起きたネパールは仏教国であるわけですが、「どの宗教が優勢であるか」というような文明論的なものは連動しているのでしょうか。

小松左京　うん。だから、本当は、仏教（国）のところで噴かないかん理由はない。イスラム教はテロを一生懸命《いっしょうけんめい》やってるからさあ。本当はイスラム教のところで地震とか噴火が起きたりしなきゃいけないかもしれないんだけどね。

まあ、この前、スマトラのほうで噴火があったようではあるけど、たぶん、彼らの教学ではそちらとつながっていないだろうから、理解しない可能性があって、（噴火が起きても）あんまり意味がないかもしれないけどね。

例えば、伊豆《いず》のほうの西之島《にしのしま》が隆起《りゅうき》して噴《ふん》火《か》しているけど、これは、ある意味では、富士山の噴火圧力を抜いてる可能性があると思わなきゃいけない。「富士山噴火で、日本沈没か」と思うかもしれないけども、わざわざ西之島から出てきたのは、実は、ここを噴火させることで、島を隆起させて大きくし、その結果、富士山の噴火圧力、爆発圧力を減らしている可能性はあるので。

斎藤　ああ。そういう全体像から見たときの……。

小松左京　ええ。日本の神様は、それを巧妙《こうみょう》

西之島が富士山の噴火圧力を抜いている？

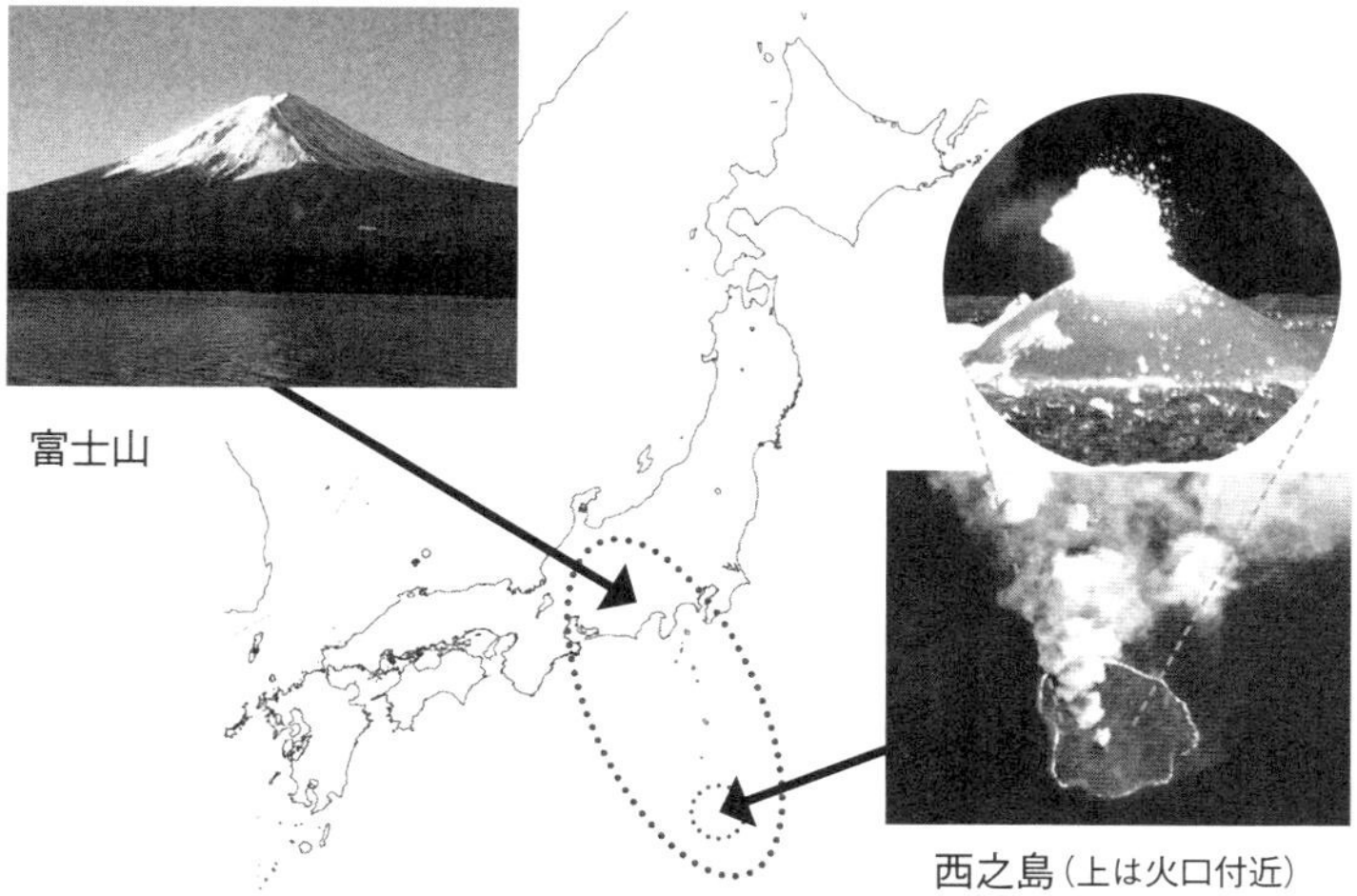

に考えてくださっている。

斎藤　では、「エネルギー調整」が行われている可能性があるということでしょうか。

小松左京　うんうん、そう。あちらで抜いてる可能性はあると思います。

斎藤　日本の神様たちが智慧《ちえ》を使って、抑《おさ》えてくださっている？

小松左京　うんうんうん。だから、噴火が大きくならないようにしているように見えるねえ。

近代以降、「科学」と「宗教」が融合《ゆうごう》した世界宗教はなかった

綾織　小松先生は、非常に科学的な見方をされていますが、私たちが今までさまざまな神々から伺《うかが》っているお話のなかでは、人間の信仰《しんこう》の問題を指摘《してき》されることが非常に

多くあります。

小松先生からは、「地上の人間の信仰の問題」と「天変地異」との関係というのは、どのように見えるのでしょうか。

小松左京　うん。神々のなかには世界的宗教もいろいろあるけど、何て言うかなあ、神への信仰のなかに、科学の位置づけがないんだよね、はっきり言ってね。

斎藤　信仰のなかに、科学の位置づけがない？

小松左京　ない。だから、近代以降は戦ってるよね？

斎藤　近代以降……。

小松左京　戦ってるの。ずーっと戦ってるよね、「科学」と「宗教」がね。あなたがたが唯一《ゆいいつ》、それらを融合《ゆうごう》させようとして、努力はしてるね。きっと、このへんに、「世界宗教」の可能性がまだあるとは思うんだけど、ほかの宗教はちょっと分かれてるわね。

斎藤　宗教と科学が合体《がったい》した世界宗教ということでは、今、確かに……。

小松左京　ないでしょ?

斎藤　ないですね。キリスト教も、イスラム教も、仏教も。

小松左京　うーん。だから……、それで困ってるよね?

斎藤　ええ。科学との直接の連動はありません。

小松左京　教会は科学を弾圧《だんあつ》した歴史だよねえ。

それから、御生誕祭《ごせいたんさい》（幸福の科学の二大祭典の一つ。毎年七月に行われる）かなんか知らんが、最近ねえ、「アメリカは、人種差別を反省すべきだ」（二〇一五年七月七日法話《ほうわ》「人類史の大転換《だいてんかん》」）と総裁が言ったら、そのあと、ローマ法王が南米に行って、五百年前の謝罪をなさってるようでしたね。「スペインが（南米を）五百年前に侵略《しんりゃく》して、皆殺《みなごろ》しにしたのは悪かった」と言ってやってるし、「アメリカのインディアンを虐殺《ぎゃくさつ》したのも、反省しないといかん」みたいなことを言うてるから、ちゃんと言うことをきいとるやないか。ね？

斎藤　うーん。

2015年7月9日、南米ボリビア東部のサンタクルスで、ローマ法王フランシスコは、15世紀以降の中南米布教に伴うスペイン等の侵略行為について、「謙虚に謝罪したい」と述べた。

小松左京　ちゃんと主なる神の声を聞いとるな。反省に行っとるようだから。
まあ、南米出身の法王だから、ちょっとは地元の感覚が分かるだけかもしらんけどな。

斎藤　（笑）

小松左京　大事なのは、「反省」ね。
まあ、宗教には、科学を弾圧したところの「反省」も入らないといかんと思うよ。それを言ったら、もうキリスト教も駄目《だめ》だし、仏教もご縁《えん》がまったくない。イスラム教は、中世建築とか、そういうところではやや科学的な面があったり、数学とか、多少、相性《あいしょう》がいいところもあったりしたんだけども、本格的なところまでは、やっぱり行ってないと思う。

斎藤　うーん……。

小松左京　あなたがたがやってるような「宇宙の法」の世界になったら、イスラム教も、もうまったくお手上げだろうと思うよ。

だから、イスラムのほうを〝帰依《きえ》〟させようと思ったら、マホメットがまったく触《ふ》れてないことをやればいいわけで。まあ、UFOの大群にしっかり出てきてもらって、飛び回ってもらったらいいわけよ。そして、それがなぜか分からなかったら、もう幸福の科学の本を読むしか方法がないというようにすればね。新しい布教《ふきょう》手段としては、それが使えるわな。うん。

実は小松左京氏も宇宙人だった？

綾織　そのあたりの宇宙との関係のシナリオのようなものは、何か書かれているんでしょうか。

斎藤　ああ、そうですね。それと、小松左京先生は、宇宙人と会ったことはあるんですか。

小松左京　いやあ、もう、どうせ宇宙人だよ、私みたいな人はなあ。

斎藤　あっ、やっぱり宇宙人ですか。

小松左京　こんなのが地球人のわけはないでしょ？　だから、君なんかの仲間よ、もう……。

斎藤　いや、私は、以前のリーディングでは「地球人として生きた」ということなのですけど……（笑）。ええ。

小松左京　あっ、そうか！　地球人なのか。

斎藤　最近は、また違った話も出てきているんですけれども……（笑）。

小松左京　すまんかった。じゃあ、君は〝地球の創造神〟の一人なんだろ？

斎藤　ちょっと待ってください。そういうことはないんですけど……。

小松左京　創造主の一人なんじゃないの？

斎藤　（苦笑）いえ、また、そんな、ちょっと……。

小松左京　もう、ネイティブ、ネイティブ地球人。

斎藤　ネイティブ？

小松左京　うん。だから、もう、〝初《はじ》め〞よりあるんだね？　君なんかはね。うんうん。

斎藤　いやいや。だから、そういうことではなくて（苦笑）。

小松左京　え、え？

斎藤　ちょっと待ってください（笑）。話をごまかさないでください。

小松左京　アッハハ……。

斎藤　ところで、小松先生は、宇宙人に会ったことがあるんですか。

小松左京　そらあね、これだけの「創造性」は、やっぱり、いろんな宇宙で鍛《きた》え上げられないと、そう簡単にはいかんでしょうね。

斎藤　ああ……。今、この霊的《れいてき》な異次元世界のなかでは、何か創造性が……。

小松左京　うん。ただ、私の場合は科学者じゃないから。

斎藤　えっ!?　科学者ではないんですか。

小松左京　宇宙のことを話しても、どこまで創作でしゃべってるかが分からないところは、気をつけたほうがいいよ。うん。

斎藤　科学的な見識が非常に高かったので、科学者的なものをお持ちかと思っていました。

小松左京　科学者じゃあないんだよなあ。

斎藤　科学者ではない？

小松左京　ああ。君が嘘《うそ》つきなのと同じ状態なんだよ。

斎藤　また、それは（苦笑）。

小松左京　ヘッヘッヘッヘッヘッヘッヘッへ……。

斎藤　ひどい話ですね（笑）。やっぱり、ここで堪《こら》えて（苦笑）。

小松左京　私も、あのねえ、もう、〝宇宙のウナギイヌ〟のねえ、双子《ふたご》のきょうだいみたいなもんでしてねえ。

斎藤 （笑）いやいや、危ない危ない危ない……。それは危ないです（笑）。その話は結構なんですけれども（注。質問者は、二〇一五年五月十三日の宇宙人リーディングで、「宇宙の絵描《えか》きウナギイヌ型」の宇宙人であったと推定されている）。

「人間の生命の危機」として忘れてはならない三つの視点

高間 先ほど、「戦争に非常に関心があった」ということでしたが、科学は戦争とともに発達してきたというような歴史もあり、戦争を科学の〝母〟とする見方もあるんですが。

小松左京 うん、うん。まあ、少なくともね、人間が必死になるのは自分が命を失うときだよね。

命を失うときは二つしかないんですよ。「何か、武器を持って殺しに来て殺される場合」と、「食糧難《しょくりょうなん》の場合」と、だいたいこの二つね。

もちろん、あとは、寒暖、それから、天変地異、雨や雪、津波《つなみ》や洪水《こうずい》、それから、まあ、衣食住の「衣《い》」と「住《じゅう》」に当たる部分での死もあるけどね。

たいていは、そういう、動物が殺されることを心配してるのと一緒《いっしょ》だね。他の動物に食べられる心配。それと、冬になって餌《えさ》がなくて餓死《がし》する心配。まあ、動物は毛皮があって、自然の穴で生きていけるようになってるから、そう簡単に「住」のところでは死なないんだけど、人間の場合は生肌《なまはだ》だからね、弱くて、死んじゃうこともある。

この三カ点ぐらいが生命の危機になるところだけど、ここについては、やっぱり、本能的にすぐ何らかの防衛をしようとはするだろうね。

だから、この三つとも、いつも忘れちゃいけない視点ではあるね。「殺される危険」、それから「食糧がなくなる危険」、そして、自分を護《まも》るための生活や衣服等が維持《いじ》できない危険っていうか、「環境《かんきょう》が維持できない危険」ね。この三つは、やっぱりいつも考えとかなきゃいけないよね。

それで、中国なんかは、あんな工業用水をいっぱい揚子江《ようすこう》に垂れ流して、黄河《こうが》に垂れ流してやってて、昔の日本でイタイイタイ病が流行《はや》ったときの曲がった魚みたいなのがいっぱい出てきている。次に、人間にも同じようなものが出てくるのは時間の問題なんだけど。平気でね、こんなことして。でも、「廃水《はいすい》を浄化《じょうか》したり濾過《ろか》したりする金をかけるぐらいだったら、製品をつくるほうに金を使いたい」みたいな使い方をやって、経済発展してるんだろ？　これ、ツケが戻《もど》ってくるよ。

だから、公害を減らすためにやったら、そういう、いわゆる〝付加価値〟が、どんどん、やがて下がってくるでしょうね。うーん。

大阪万博《おおさかばんぱく》でサブ・プロデューサーを務めたときの学びとは？

斎藤　だんだん時間もなくなってきましたので、あともう一つだけお伺いします。

今、経済発展の話が出てきたのと関連して、小松左京ファンが「ぜひ聞いてみたい」と思うことがあるとすれば、日本が経済発展の最中《さなか》にあった昭和四十五年の大阪《おおさか》万博《ばんぱく》で、小松先生は……。

小松左京　ああ！　うん。

斎藤　テーマ館のサブ・プロデューサーをされたり、「芸術は爆発だあ！」と言った、芸術家の岡本太郎《おかもとたろう》先生と非常に親しい仲にあって、お友達だったりして……。

小松左京　変人同士ね。

斎藤　ええ（笑）。そういうかたちで、こんな言い方をしては失礼かもしれませんが、小説家にもかかわらず、よくあそこまで大阪万博に関わられたなあという感じがします。何か特別な思いや考え方などが底流に流れていたのかなと推察されるのですけれども、どんな感じだったのでしょうか。

小松左京　うーん。大阪万博は、テーマとしては、「人類の進歩と調和」だったけど……。

斎藤　テーマは、「人類の進歩と調和」ですね。

小松左京　うん、うん、うん。まあ、それだよ。「進歩」には、科学的な進歩もあるし、未来型の進歩もあるけど、それが同時に、何て言うか、うーん、みんなが共存共栄できなきゃいけないから、「調和」も要《い》るわね？　だから、「人類の大テーマ」がテーマではあったわなあ。

　それと、世界が「自分たちの今の最高水準」のものを展示しようとするなかにあってだねえ、やっぱり、未来のヒント、私らの作品のヒントが数多くあるのでね、関わっておくことに悪いことはないと思ったので。どこがどんなことを

〈上〉岡本太郎（写真左）と小松左京（写真右）は、国民の半分が来場したといわれる1970年の日本万国博覧会（大阪万博）で、それぞれテーマ館のプロデューサー、サブ・プロデューサーを務めた仲。〈左〉万博会場のお祭り広場に建てられた「太陽の塔」は岡本太郎の代表作の一つ。塔の内部には「生命の樹」と呼ばれる作品が展示され、地下の「過去＝根源の世界」展示の責任者を小松左京が務めている。

考えてるのか、いろんな国のアイデアとか作品とか、そういう出品を見ることで、アイデアは湧《わ》いてくるし、政府筋《すじ》のほうは、私がそういった「未来型の思考」ができるんじゃないかと思って呼んだところもあるんだろうけどね。

まあ、大成功だったたね。うんうん、確かに。

斎藤　そこで何か学びはあったのでしょうか。

小松左京　うーん……。学んだことはねえ、「太陽の塔《とう》も廃墟《はいきょ》になる」ということは、よく学んだよ、そりゃあ。

斎藤　（笑）それですか。

小松左京　ハッハッハ。

9　中国の覇権《はけん》主義に立ち向かう秘策とは!?

小松左京流・希望の持ち方

高間　冒頭《ぼうとう》で、「日本人は不幸が大好きなんだ」というお話がありました。

小松左京　ああ。

高間　そこで、「小松左京流・希望の持ち方」というものを教えていただけないでしょうか。

小松左京　うーん。ま、やっぱりね、〝避難《ひなん》先〟を確保しといたほうがいいよね。いざというときのために、考えといたほうがいいんじゃないんですかねえ。

斎藤　ちょっと……（苦笑）。けっこうブラックですね。その場合は、そうなんですか。

小松左京　なんか君らは、現状のままで全部がこう、末広《すえひろ》がりに広がって成功するような多角的繁栄《はんえい》を構想しておるようであるけども。三千作品も書いた私から言うと、やっぱりねえ、「作品が書けなくなる恐怖《きょうふ》」との戦いというのは、すごいもんだったから、ええ。

斎藤　「作品が書けなくなる恐怖」なんてお持ちだったんですか?

小松左京　うん。それは大変だよなあ。やっぱり大変……。

斎藤　でも、小松先生は大家《たいか》ですよ。

小松左京　いやいやいやいや。そんなもんねえ、「恐怖心なくして大家なし」よ、それはねえ。もう、一作でねえ、それで食っていけるんだったら、大家なんか必要ないですよ。出てきませんよ。食えないから、みんな頑張《がんば》るんであって……。

斎藤　ほう。でも、確かに、「左京」というペンネームを付けたのは三十歳《さい》ぐらいからですもんね。意外と〝遅咲《おそざ》き〟な感じでいらっしゃったのかなあと思うところもあるんですけど。

小松左京　いやいや……（笑）。君だって、そのうち苦しむからな。予言してやるよ。

斎藤　いえいえ、まあ、どうも（苦笑）。あの、「未来学」ですので、やめてください。

小松左京　ええ？

斎藤　こういうことを言うと、だいぶ〝反作用〟が来るので、もう訊《き》くのをやめました（笑）。

小松左京　予言してやるから。ええ？

斎藤　いや、時間もだんだんなくなってきましたので、もうやめましょう。

これからの危機のシナリオと、その科学技術的な解決法

綾織　最後に、すみません。

小松左京　ああ……。

綾織　〝避難先〟の話でもいいのですけれども、これからの五十年や百年ぐらい先を

考えたときに想定される危機のシナリオと、それに対する科学技術的な解決法のようなもので、何か考えられているようなものなどはありますか。

小松左京　どこらへんが対象かにもよる。幸福の科学を対象にして「未来避難学」を考えると、この教団が確実に生き残れる方法は一つだけある。

斎藤　どれですか?

小松左京　うん。だから、大川総裁だって、(手を軽く一回叩《たた》く)私のように年を取れば、いずれこの世を去らねばならない。そのあとに危機が来る可能性がある(手を軽く一回叩く)。

だから、「大川総裁が降りられるチャネラー」をつくっておくことが大事で、「大川隆法の霊言《れいげん》」があの世から降りるんなら、この教団は潰《つぶ》れない。これは確実に言えることだ。

斎藤　なるほど。「スピリチュアル・エキスパート」の養成ということですか？

小松左京　ああ。そこをまず押《お》さえておけば……。まあ、普《ふ》通《つう》のところに降りたら値打ちが落ちるから、それは絶対にないはずだ。

斎藤　ああ……。なるほど。教団の永続性として。

小松左京　降りて構わないようなところは、そんなにたくさんあってはいけない。

斎藤　はいはい。

小松左京　たくさん出たら、それは、浮《ふ》遊《ゆう》霊だと思われる可能性が高いから、それはできない。できないから、やっぱり、「これだけの方には絶対降りるはずだ」と思われるような人をつくる。

実際に、もうこれだけ多学な人ですから、あの世から話したって、もういくらでも出てくるに決まっているので、あの世から『大川隆法霊言全集』を百巻ぐらい出すのは、わけがない。

斎藤　うーん。

小松左京　きっと、わけがない方だから。それが出るかぎりは絶対潰れないので、ま、ここを一つ、〝避難先〟として押さえなきゃいけないよね。

だから、そういう意味でのよきチャネラー。徳の高い、質の高い、頭の悪くないチャネラーを育てなければいけませんね。深い教養と広い雑学の。それをもうちょっと広げる。

綾織　はい。ありがとうございます。ただ、もう少し広げて、日本や世界についても……。

小松左京　ああ、まあ（手を一回叩く）、「日本が生き残るにはどうするか」ということで。

斎藤　はい。危機のシナリオ回避としては、そこはいちばん大事かと。

小松左京　中国に抜《ぬ》かれてしまって、どんどん差をつけられようとしておるけれども、〝日本が生き延びるための避難学〟としては、一つは、まあ、中国語の勉強をしっかりしておくことが、まあ……（笑）。

斎藤　そこですか、先生！（笑）ちょっと待ってくださいよ。あの……。

小松左京　ヘッヘッ。ええ？

斎藤　それもそうではありますけど。

綾織　もう少し、ポジティブな……。

小松左京　あっ、ポジティブに？

斎藤　やはり、ビー・ポジティブで行きたいですね。

小松左京　ポジティブに行くと、まあ、「アメリカの州の一つに入れてもらう」っていうことが……。

斎藤　いやいやいやいやいや。もうひとつ、ビー・ポジティブでお願いします。

小松左京　英語の勉強をして、『黒帯英語』シリーズ（宗教法人幸福の科学刊）を勉強して、アメリカの州の一つ、ハワイの次の州に入れてもらうっていうのは、ポジティブな生き方やね。

ネガティブな生き方は、中国語を勉強するっていうことで。

人類を待ち受ける「アルマゲドン」を回避《かいひ》するには

斎藤　でも、先生は生前に、「いかにすれば、人類のアルマゲドン（最終戦争）を回《かい》避《ひ》できるかということが、僕《ぼく》のSFにとって、一つのテーマになっている」とおっしゃっていましたよ。

小松左京　いやあ、だいたいね、作家にはサドとマゾとが同居してるんですよ。

斎藤　（笑）いや、それはよく分かりますが。

小松左京　実際は、「アルマゲドンを起こしてみたい」という気持ちと、「救ってみたい」という気持ちと……。

斎藤　いえいえ、どう回避すればいいのかを……。

綾織　逆に、世界のレベルで、アルマゲドン的に想定されるシナリオというものはあるのでしょうか。

小松左京　うん。やっぱりね、今はどう見たって、中国が拡張主義ですよね。

斎藤　ええ、そうですね。

小松左京　だから、日本と戦いが起きないように、どっか、ほかと戦ってもらうことを、まず仕掛《しか》けなきゃいけないですね、外交戦略としてね。

斎藤　（笑）なるほど。外交戦略としてですね。

小松左京　どっかと戦っていただいて、弱っていただくのが大事なことですね。

綾織　やはり、中国が世界的に大きな問題だということですね。

小松左京　まあ、「中国」と「イスラム圏《けん》」ですよ。この二カ点が発火点ですね。

斎藤　ほお。

小松左京　絶対に、ここで起きますね。
それで、イスラムとキリストの最終決着が、「アルマゲドン」であることは間違《まちが》いない。最終決着がどこかでつくよ。（キリスト教）二十億人 対（イスラム教）十六億人の信者、ここは絶対ぶつかります。

綾織　そのイスラム圏の問題を、科学技術的に乗り越《こ》えていく方法はあるのでしょうか。

小松左京　うーん、まあ、それは〝皆殺《みなごろ》し〟にすることだろうね。

斎藤　いや、でも……（苦笑）。先生、ちょっと待ってください。もう少し、ビー・ポジティブでお願いします。

小松左京　少なくとも、ビー・ポジティブに言うと、全員を殺さないで、イスラム科学者だけを拉致《らち》することだろうね。そして、核《かく》兵器を一切《いっさい》持たせないようにしてしまうことが安全でしょうね、キリスト教圏にとってはね。

ただ、核兵器を対等に持たれたら、両方生き残れない可能性は極《きわ》めて高くて、今度は米ソの冷戦みたいのが起きるということでしょうね。

中国とイスラムが手を組むシナリオとは

斎藤　中国とイスラムが手を組むというシナリオはないですか。

小松左京　うーん、まっ、片方には神がいないからね。もう片方にはいるから。

斎藤　ああ。では、ありえないですか。

小松左京　今、（中国は）イスラム圏のウイグルとかを弾圧《だんあつ》してるから、すぐにうまくいくとは思えないけども、利が通じれば、組むことはないとは言えないので、注意しなければならない。

斎藤　小松先生はH・G・ウェルズ先生と、あの世の世界でかなり近いところにおられるかもしれませんけれども、ウェルズ先生は、華僑《かきょう》が非常にポイントになっていると述べていました。「（中国とイスラムの）両方でいろいろ動けるから、ポイントがあるんだ」というようなことをおっしゃっていたのです（『H・G・ウェルズの未来社会透視《とうし》リーディング』（幸福の科学出版刊）参照）。

『H・G・ウェルズの未来社会透視リーディング』（幸福の科学出版）

小松左京　それはねえ、もう一つは、中国人を脱出《だっしゅつ》させて華僑にして、〝東洋のユダヤ人〟にして、商売ができるところにみんな逃《に》げさせていけばいい。頭のいい中国人はみんな国を脱出して、華僑になって、あちこち散らばって、自由を求めていくようにしていって。

頭のいいのを抜いていったら、あと残りは農業（従事者）と低賃金労働ができる工業従事者だけになるから、国力は落ちてくるわね。

そういう意味で、「頭脳流出《ずのうりゅうしゅつ》」を人工的に図《はか》るという手はある。頭脳を流出させることが一つではありますね。

10　知恵《ちえ》とアイデアを多産して「日本沈没《ちんぼつ》」を防げ

大川隆法は霊界《れいかい》でも謎《なぞ》の人物

斎藤　博覧強記《はくらんきょうき》の小松先生の目から見て、大川総裁はどのように見えて……。

小松左京　もう、〝宇宙のウナギイヌ〟をつくった人だからねえ。

斎藤　いや、そちらではなくて（苦笑）。
では、質問を変えまして……、エル・カンターレはご存じですよね？

小松左京　知らんなあ。

斎藤　いや、また、そんなあ……。

小松左京　（笑）

斎藤　ぜひ、ビー・ポジティブに。

小松左京　いや、わしのほうが年上やから、それは知らんわなあ。

斎藤　いやいや、そんな人間的な年齢《ねんれい》ではなくて。何か、霊界《れいかい》でお聞きになっていませんか。

小松左京　霊界で？　うーん……。いや、よく分からんことになっとるんで、霊界でも。

斎藤　えっ、よく分からない？

小松左京　よく分からない。うん、よく分からない。

斎藤　正体が分からないのですか。

小松左京　うん、分からない。〝謎《なぞ》の人〟ですねえ。

斎藤　大川隆法総裁がですか？

小松左京　うん。もしかしたら、宇宙から来ている、地球侵略《しんりゃく》のレプタリアンの総帥《そうすい》かもしれない。

斎藤　いや（苦笑）、ちょっと待ってください。先生、だんだん時間もなくなってきましたので。

小松左京 （笑）ああ、遊んでる暇《ひま》はないって？

斎藤 いやいや。

「多作」「多産」の創造性の高い仕事をするためのヒント

斎藤 では、質問の角度を変えます。小松先生にとって、信仰心《しんこうしん》とは何ですか？

小松左京 いや、そんなの持ったことないから、よう分からんなあ。やっぱり、信仰心っていうのは、飯《めし》が食えることだよ。ね？ どうやったら飯が食えるか。そういう飯を食わせてくれる人を信仰するね。あるいは、飯を食わせてくれる人たちを育ててくれる、国なり、考え方なり、文化なりを信じるね。もし、それを発信しているところがあったら、そこを信じてもいいね。

とにかく、飯を食わせてくれることが大事ですね。

斎藤　ただ、精進《しょうじん》を重ねて、〝メシの種《たね》〟を探していたというお話が、先ほどからありましたけれども、その努力というか、今日、私が非常に感銘《かんめい》しているのは、そういう、いろいろなアイデアの発想の幅《はば》というものがものすごく広くて、何でもかんでも〝メシの種〟に変えていく、「錬金術《れんきんじゅつ》的な力」がかなりあるところです。

小松左京　それ、竹内均《たけうちひとし》さんなんかとも、よくまだ話をしてんだけどね。

斎藤　あの世でですか？

小松左京　うん。竹内さんは、大川総裁も若いころに学んだ方だからね。「多作」「多産」の仕事の仕方を勉強なされた方だし、まあ、理系だけど、渡部昇一《わたなべしょういち》さんあたりなんかとも、ちょっとつながりのあった方だね。共感性のある方ではあったんで、あの

〈左〉通算1900冊を超える大川隆法の著作群。年間発刊点数ではギネス世界記録に認定されている。2014年には、年間161冊発刊された。

あたりでもつながっていらっしゃるので。
まあ、東大が生んだ「多産性」の人っていうのも、数が少ないんでね。とっても少ない。

斎藤　東大出身で、多産性の方はあまりいないと。

小松左京　もう、非常に少ないんですよ。非常に少ない。
まあ、明治の時代はちょっと別としてな。作家とかいるけどね。近年に入ってからは、そういう多産で活動的な方は非常に少ないので。

実際に実用性があって、人の役に立って、お金も儲《もう》かって、名誉《めいよ》もあり、収入もあり、そういうふうに多くの人に知られて、ありがたがられるような人っていうのを、東大はあんまり生んでないからね。

そういう創造性の高いのは、もとは京都大学の文化だと言われていたからね。東大は、それが非常にあれだったけども、官僚《かんりょう》システムのほうがちょっと没落《ぼつらく》してきて、大銀行とかも没落してきたし。

それと、どっか、そういう〝流浪《るろう》〟のなかで腕《うで》を磨《みが》かなきゃいけない時代になったんで、また発想法のほうになびいていかないといかん人が出てきて。

もともと能力が高いんだろうけど、訓練をしなければそうはならないんで。

やっぱり、多産のもとはねえ……、基本的には、「飢《う》えの苦しみ」や「貧困《ひんこん》への恐《おそ》れ」、その他、「未来の不確定要素のなかを、どうやってサバイバルするか」「どうやって、不確定な未来の確実性を高めていくか」というところに知恵《ちえ》や才能を使うことで、多産性は生まれてくるんですよ。

斎藤　それが、多産性のヒントですか。

小松左京　だから、やっぱり不安は必要なんですよ。不確定性や不安があるから、多産にならざるをえないんですよ。

地獄《じごく》は「発想法」と「幸福論」の山？

綾織　今日、お話をお伺《うかが》いしていて、民族や国の危機を科学技術的に乗り越《こ》えていくような、ある種、危機の預言者的な魂《たましい》の方なのかなという印象を持ったのですけれども、例えば、ユダヤ民族とか、そういうところに関わっていらっしゃった方でしょうか。

斎藤　ぜひ、一つだけ、後輩《こうはい》のために教えてください。

小松左京　いやあ、まだ阿蘇山《あそさん》の火口にぶら下げられてる身分であって、よく分からんのだよ、そのへんがねえ。うーん。

斎藤　でも、過去のご精進というか、過去の転生《てんしょう》を……。

小松左京　じゃあ、きっと、ヤマトタケルに退治されたクマソタケルか、なんかそのあたりなんじゃないかねえ。なんか、そういうような気がするなあ。

斎藤　うーん。

小松左京　きっと、そんな感じ。だから、今、阿蘇山あたりでいじめられてるんじゃないかなあ。地獄《じごく》で、さまざまな責め苦で苦しめられて、アイデアが豊富になって、「あっ、こんな責め方があるんか」っていうねえ。もう、

地獄には八熱《はちねつ》地獄や八寒《はちかん》地獄等、さまざまな責め苦の世界があると伝えられてきた。

絵：「地獄草紙」
〈左〉雲火霧処《うんかむしょ》
〈右上〉函量所《かんりょうしょ》
〈右下〉雨炎火石処《うえんかせきしょ》

焦熱《しょうねつ》地獄から、黒縄《こくじょう》地獄から、刀葉林《とうようりん》の地獄から、ありとあらゆる地獄があるから。

あれは「創造性」が高いよ、地獄っていうのは。一通《ひととお》り、グルーッと回ったら、もう「発想法の山」だね。「人をどうやって苦しめるか」っていうサド・マゾの世界だけど、あらゆる方法があるから。

これは、人をいじめる側にも使えるし、引っ繰《く》り返してその〝反対〟をやれば、「幸福にする手法」が、そこに全部眠ってるわけですから。

斎藤　その〝逆〟を言えばですね。

小松左京　うん、〝逆〟を言えばね。

斎藤　マイナスではなくて、プラスを見ればいいと。

小松左京　だけど、天国と地獄だったら、天国はどうしても退屈《たいくつ》そうに聞こえるよね。

●迦陵頻伽《かりょうびんが》かなんか知らんけど、そういう天国の鳥の鳴く声を聴《き》きながら、菜の花を見て、昼寝《ひるね》をしてるような、退屈なイメージがあるじゃないですか。

地獄は忙《いそが》しいですよ。忙しくいろいろなことをしないと、鬼《おに》が追いかけてくるし、頭を叩《たた》き潰《つぶ》されるし、体を切り刻まれるしねえ。もう、炎《ほのお》で焼かれるわ、北極みたいなところに入れて凍《こお》らされるわ。これ、「発想の山」ですよ。

だから、君たちねえ、天上界《てんじょうかい》の霊言《れいげん》はやっぱり駄目《だめ》ですよ。地獄の鬼たち一匹《ぴき》一匹を対象にして、ピックアップし、発想を紡《つむ》ぎ出して、「地獄に行きたかったら、こういう方法があるし、この逆をやれば天国に行ける」っていう、その一個一個をやっていけばいい。

斎藤　ただ、その逆の「天国」のところも研究する必要はあると思いますが。

小松左京　まあ、「地獄の研究」っていうのは、ある意味で、「幸福論の多様化」なんだから、もっともっと地獄研究をやらないと。君ら、あんまり関心がないよなあ。う

●迦陵頻伽　仏教における想像上の生物で、上半身は美女、下半身は鳥の姿をしている。極楽浄土に住み、美声によって法を説くとされる。

ーん。

「小松左京」を目指す若い人へのメッセージ

斎藤　もう、だんだん時間がなくなってきました。あと……。

小松左京　君の寿命《じゅみょう》を言ってほしい？

斎藤　いやいやいや（苦笑）。「明日《あした》」とか、また突然《とつぜん》言われると……。いやいや、悪いほうに考えてはいけないですね。

小松左京　明日まであると思ってるところが仏教的なんだよな。

斎藤　すみません、はい。

小松左京　今宵《こよい》の夜中が越せるかどうかだな。

斎藤　墓穴《ぼけつ》を掘《ほ》ってしまいました。だんだん時間が無駄になっていきます。すみません（苦笑）。いや、何かというと、世の中にはたくさん「若い方」がいらっしゃるじゃないですか。

小松左京　ああ、ああ、ああ。

斎藤　やはり、先生のような、本当にすごい大家《たいか》になっていきたいというか、「多くの人たちを幸福にしていく力をつけたい」という若者たちがたくさんいます。先生の遺《のこ》された小説を読んで、「未来を考えていこう」という人もたくさんいると思いますので、若い人に何かメッセージはありますか。

小松左京　あのね、法を破らずに、子供をたくさんつくって、責任をなるべく負わない方法を考え出すといい。これが、若い人へのメッセージ。

斎藤　先生……（絶句）。あっ、それは「人口増」ということですか？

小松左京　ええ。法の網《あみ》をかいくぐって、子供はつくるけど、責任は取らないで済むような方法を発明すると、若い人の未来はバラ色だ。

斎藤　そうですか……（苦笑）。〝日本を沈没《ちんぼつ》させた罪〟で責《せ》め苦に遭《あ》っている？

綾織　日本とは、それほど関わりの深い方ではないのでしょうか。

小松左京　いや、最近はいちばん日本に関わりがあるから。

綾織　最近はそうですけれども、魂の経験として、「日本では、こういう縁《えん》があった」というようなことは、どうでしょうか。

小松左京　うーん。まあ、もう分からんからさあ。難しいことは分からん。今、〝責《せ》め苦〟にいろいろ試《ため》されてるところだから。まだ、（あの世に還《かえ》って）四年ぐらいだから、そんなにまだ……。

綾織　あっ、責め苦なのですか。

斎藤　いやいや、先生……。

小松左京　〝日本を沈没《ちんぼつ》させた罪〟っていうのは大きいんだよ、やっぱりな。

綾織　ただ、現実に沈没しているわけではないので。

小松左京　そんな簡単じゃないからさ。あなたがたは、それを〝引き揚《あ》げよう〟としてるんだろう？　大変だ、もう。

斎藤　今、日本を沈没させるような想念の、このシミュレーションのなかで、驕《おご》っていったり、物質的な価値に流れていったりした人間に対して、「あっ、これではいけない」ということで、「目覚めさせたい」という愛念《あいねん》があって『日本沈没』はつくられたという感じで言われていますよ。

小松左京　うーん。まあ、いいよ。どうせ嘘《うそ》ばっかり書いてるんだろうから、一つぐらい嘘が増えても、どうってことはないよな。

（斎藤に）君なんか、人生だいたい嘘だろう？　そのものが嘘なんだからさ。

斎藤　（苦笑）だんだん時間がなくなってきましたので、先生、すみませんが……。

小松左京　絵なんていうのは嘘ですからね。嘘を描くだけですからね（質問者の斎藤は、東京藝術《げいじゅつ》大学出身）。

まあ、〝あのあたり〟でいいんじゃないですか。未来予知小説を書いとった、さっき言ってたじゃないの。

斎藤　H・G・ウェルズですか？

小松左京　H・G・ウェルズ。その生まれ変わりぐらいにしといてくれたら、わし、もう全然文句《もんく》ないから。

斎藤　でも、H・G・ウェルズとは親交《しんこう》がありますよね？

小松左京　いや、私自身だから分からないなあ、親交があるかどうかと言われても。

小松左京氏の霊《れい》が閻魔《えんま》様を怖《こわ》がる理由

斎藤　アイザック・アシモフとか、あのへんは？

小松左京　あのへんを出してくるのかあ。うーん……。

斎藤　ご生前は尊敬されていたのではないですか。

小松左京　いや、阿蘇山でぶら下げられてるからさあ、付き合いがそんなにないんで。ときどき手紙が来るくらいなんだよな。

斎藤　あっ、でも、ときどき手紙は来るんですか。

アイザック・アシモフ
（1920 ～ 1992）
アメリカの作家、生化学者。SF、推理小説をはじめ数百冊の著作がある。『わたしはロボット』等。いわゆる「ロボット三原則」を提唱し、アメリカSF界の黄金時代を築いたことから、「SFの父」と呼ばれることもある。

小松左京　うーん、だから、科学者じゃない。純然《じゅんぜん》たる科学者じゃなくて、「空想未来小説家」なんですよ。

斎藤　空想未来小説家？

小松左京　うんうんうん。基本的には、そういう仲間なんで。

斎藤　なるほど。

小松左京　ただ、そういう実験科学で、精密に再現性を求められるような科学者の仲間には入り切れなくて、適度に嘘をつく存在でなければいけないので。いちばん怖《こわ》いのは、舌を引っこ抜《ぬ》く地獄の鬼さん。あれが、いちばん怖いね。ペンチで抜くやつがなあ。

斎藤　閻魔様《えんま》が嫌《きら》いなんですか？

小松左京　ああ、あれは困る。嘘をついてると（舌を）抜かれるから。小説家なんか、みんな舌を抜かれてしまうからね。

斎藤　小説家って、なんかすごい複雑ですね。

小松左京　うん。それ、あんたも気をつけたほうがいいよ、本当。

斎藤　また、そんな（苦笑）。

小松左京　危ないよ、本当に。

斎藤　いや、ただ、私も昔は、小説家になりたいと思っていたときがありました。

小松左京　まあ、ウナギから、次は進化してナマズに変わって、地下に潜《もぐ》って暴《あば》れて……。

斎藤　分かりました。先生、もう時間がだいぶなくなりました。

小松左京　ええ？

「日本沈没《ちんぼつ》」のシナリオを外すために

小松左京　これで締《し》まりますかねえ。締まりのない〝あれ〟になった。もう、君の人生みたいになっちゃったけど。

斎藤　（苦笑）でも、日本の未来に対して、非常に強い影響力《えいきょうりょく》をお持ちの方なのだと思いました。

小松左京　まあ、「最悪のシナリオ」をいちおう出しといたから、これよりよい未来をつくってくださいね、頑張《がんば》ってね。みなさんがたで知恵を出し合ってね。

斎藤　はい。

小松左京　最悪は、「日本沈没《ちんぼつ》」ですから。それは、物理的な意味での日本沈没もあるけれども、経済的、政治的、それから軍事も入れて、いろいろな意味での日本沈没はありえるから。

まあ、そういう日本沈没のシナリオを外していく。「新しいシナリオ」を自分たちで書くことが大事だっていうこと。よそは書いてるから。外国はシナリオを書いてますので。

斎藤　われら日本人たちが、自《みずか》らシナリオを書くと。

小松左京　だから、中国の人民解放軍が、どれだけの軍事侵攻《しんこう》作戦を持ってるか、想像できるか？　向こうの立場に立って、書いてごらんよ。まあ、何種類もいっぱい出てくるから、侵攻作戦は。もう、いっぱいシミュレーションしてるよ。

斎藤　われわれが書かなければ、向こうの書いているシナリオどおりになっていくので、こちらのほうが、心のなかのビジョンを描《えが》かねばならないということですね。

小松左京　日本のコンピュータなんか、全部破壊《はかい》されちゃうよ、あっという間にね。何にもしないうちに、機能停止して。

だから、コンピュータを使わないで、〝カンピュータ〟でやっている大川総裁だけは、日本で最後まで機能しているかもしれないね。まあ、ここだけは最後の救いかもしれない。そういう意味で、「救世主」だね、確かに。

斎藤　本当にお忙しいなか、まことにありがとうございます。

小松左京　ああ、忙しかったね。うん、じゃあ。

斎藤・綾織　ありがとうございました。

11 真理の普及《ふきゅう》にも、多くの人を巻き込《こ》む「面白《おもしろ》さ」が要《い》る

幸福の科学に必要なのは「エンターテインメント性」

大川隆法 （手を三回叩《たた》く）はい、どうも（手を一回叩く）。よく話す人ですね。ちょっと、●堺屋太一《さかいやたいち》さんのような感じを受けました。

斎藤 はい。堺屋さんも、確か……。

大川隆法 関西の人ですしね。堺屋さんも、よく話しますし、万博《ばんぱく》の企画もしていましたよね。

●堺屋太一（1935～） 作家・評論家・元通産官僚・経済企画庁長官（第55～57代）・元内閣特別顧問。1970年の日本万国博覧会（大阪万博）の企画・実施に携わり、成功を収める。また、近未来小説や歴史小説などの著作も数多く執筆している。

斎藤　ええ。堺屋太一さんも、万博に関わっておられました。

大川隆法　ちょっと似た感じを受けました。でも、小松さんはアイデア豊富ですから。

斎藤　ええ、アイデアマンですね。

大川隆法　興味・関心が広いのでしょうね。興味・関心が広くて、また、そんなにプライドが高くないようなので、取材がたくさんできるわけです。

やはり、私たちも、その「探究心」「取材」「創造」といったものについて、もっと学ぶ必要はあるのではないかと思います。

斎藤　はい。

大川隆法　そして、そのなかに、「エンターテインメント」の要素まで入れれば、多くの人に受け入れられるというところでしょうか。

真理の追究・探究・普及《ふきゅう》をしているけれども、今、当会が必要としていることは、多くの人を、なかに取り込《こ》んでいくことなので、いろいろな人に興味・関心を抱《いだ》かせたり、エンターテインメント性、面白《おもしろ》さを提供したりして、幸福の科学に関わらせていく面積を広げていくことが大事なのでしょう。

そういう意味で、こういう人が、何かのヒントになればよいかと思います。

面白くない「ザ・リバティ」が売れるための秘密も、このあたりのところにあるかもしれません。比較《ひかく》的、真面目《まじめ》すぎる団体ではありますのでね。

ただ、岩波《いわなみ》の「世界」よりは、はるかに、よく売れています。

斎藤　（笑）

大川隆法　売れているけれども、「ずっと面白い」というところまでは行かないあたりでしているのでしょうから、「少しずつ間口《まぐち》を広げて、いろいろな人に興味・関心を持たせないといけない」というところでしょうか。

「日本人自身のシナリオ」を書かなければいけない

大川隆法　小松左京さんは、破天荒《はてんこう》な考え方をする方のようでした。（斎藤に）でも、編集的に見れば、やはり、似たようなところはあったのではないでしょうか。

斎藤　勉強になりました。

大川隆法　ええ。勉強になりますね。

斎藤　〝メシの種《たね》〟のところに関しても、本当に、未来をどんどん変えていくように考えていかなければ、「多作」はできないのだと。

大川隆法　うーん。確かに、「日本人自身のシナリオを書け」ということを言っていましたので、書かなければいけませんね。

斎藤　宗教との関係性が、ここに生まれたと思います。

大川隆法　ええ。今日は、どうもありがとうございました（手を二回叩く）。

斎藤・綾織　ありがとうございました。

あとがき

世界には光と闇がある。しかも、時間軸《じかんじく》が波のようにのたうっている。預言者《よげんしゃ》のごとく、傍観者《ぼうかんしゃ》のごとくたんたんと語る道もある。しかし、私は、時代と格闘《かくとう》する道を選んだ。かなり手ごたえのある苦難が何十年となく続いている。

おそらく、数多くの人々によって、未来社会のシナリオは、書き続けられ、書き換《か》えられ続けていることだろう。本書で再び光があたった小松左京氏も渦中《かちゅう》の一人ではあろう。

私自身は、預言者でとどまらず、救世主《きゅうせいしゅ》の道を選んだ。積極的に未来のシナリオの書き換えに挑戦している。生き物としての地球全体や、宇宙までをテーマに含めると、非力感《ひりき》、無力感にさいなまれることも多い。創造性《そうぞうせい》——現代的プロダクティビティで闘《たたか》い続ける、新しい救世主像を遺《のこ》すことができれば幸いである。

二〇一五年　八月一日

幸福《こうふく》の科学《かがく》グループ創始者兼総裁《そうししゃけんそうさい》　大川隆法《おおかわりゅうほう》

『SF作家 小松左京の霊言「日本沈没」を回避するシナリオ』大川隆法著作関連書籍

『救世の法』（幸福の科学出版刊）
『天使は見捨てない』（同右）
『箱根山噴火リーディング』（同右）
『大震災予兆リーディング』（同右）
『ニュートンの科学霊訓』（同右）
『H・G・ウェルズの未来社会透視リーディング』（同右）
『震災復興への道』（幸福実現党刊）

※左記は書店では取り扱っておりません。最寄りの精舎・支部・拠点までお問い合わせください。

『黒帯英語』シリーズ（宗教法人幸福の科学刊）

ＳＦ作家《さっか》 小松左京《こまつさきょう》の霊言《れいげん》
「日本沈没《にほんちんぼつ》」を回避《かいひ》するシナリオ

2015年8月6日　初版第1刷

著　者　　大《おお》　川《かわ》　隆《りゅう》　法《ほう》

発行所　　幸福の科学出版株式会社

〒107-0052 東京都港区赤坂2丁目10番14号
TEL(03)5573-7700
http://www.irhpress.co.jp/

印刷・製本　株式会社 東京研文社

落丁・乱丁本はおとりかえいたします

ISBN978-4-86395-704-6 C0030

写真：映画「日本沈没」製作委員会／共同通信社／ロイター＝共同／ AFP ＝時事
時事／ Krish Dulal ／ NASA ／海上保安庁／ IRIS

大川隆法 霊言シリーズ・未来へのメッセージ

H・G・ウェルズの 未来社会透視リーディング

2100年―― 世界はこうなる

核戦争、世界国家の誕生、悪性ウイルス……。生前、多くの予言を的中させた世界的SF作家が、霊界から100年後の未来を予測する。

1,500円

トーマス・エジソンの 未来科学リーディング

タイムマシン、ワープ、UFO技術の秘密に迫る、天才発明家の異次元発想が満載！ 未来科学を解き明かす鍵は、スピリチュアルな世界にある。

1,500円

ロケット博士・糸川英夫の 独創的「未来科学発想法」

航空宇宙技術の開発から、エネルギー問題や国防問題まで、「逆転の発想」による斬新なアイデアを「日本の宇宙開発の父」が語る。

1,500円

※表示価格は本体価格（税別）です。

大川隆法霊言シリーズ・天変地異の謎に迫る

箱根山噴火リーディング

首都圏の噴火活動と「日本存続の条件」

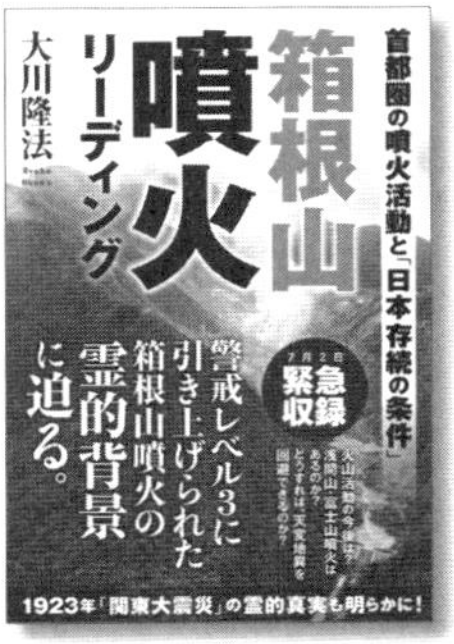

箱根山の噴火活動は今後どうなるのか? 浅間山・富士山噴火はあるのか? 活発化する火山活動の背景にある霊的真相を、関東を司る神霊が語る。

1,400円

大震災予兆リーディング

天変地異に隠された神々の真意と日本の未来

口永良部島噴火と小笠原沖地震は単なる自然現象ではなかった——。その神意と天変地異のシナリオとは。日本人に再び示された「警告の一書」。

1,400円

阿蘇山噴火リーディング

天変地異の霊的真相に迫る

次々と日本列島を襲う地震や火山の噴火……。なぜいま、日本に天変地異が続いているのか? 「地球の運命」を司る霊存在が語る衝撃の真実とは。

1,400円

※表示価格は本体価格(税別)です。

大川隆法 霊言シリーズ・天変地異の謎に迫る

広島大水害と御嶽山《おんたけさん》噴火に天意はあるか

続けて起きた2つの自然災害には、どのような霊的背景があったのか？ 原爆投下や竹島問題、歴史認識問題等とつながる衝撃の真相が明らかに！

1,400円

「ノアの箱舟伝説」は本当か

大洪水の真相

人類の驕りは、再び神々の怒りを招くのか!? 大洪水伝説の真相を探るなかで明らかになった、天変地異や異常気象に隠された天意・神意とは。

1,400円

フィリピン巨大台風の霊的真相を探る

天変地異に込められた「海神」からのシグナル

フィリピンを襲った巨大台風「ハイエン」。その霊的真相を探るなかで、次々と明らかになる衝撃の内容！ そして、日本が果たすべき使命とは。

1,400円

大川隆法ベストセラーズ・震災から立ち上がる

震災復興への道

日本復活の未来ビジョン

東日本大震災以降、矢継ぎ早に説かれた日本復活のための指針。今の日本に最も必要な、救世の一書。地球物理学者・竹内均の霊言を同時収録。　【幸福実現党刊】

1,400円

天使は見捨てない

福島の震災復興と日本の未来

大震災から４年──。被災された人々の心を救い、復興からの発展をめざすために、福島で語られた「天使たちの活躍」と「未来への提言」。

1,500円

されど光はここにある

天災と人災を超えて

被災地・東北で説かれた説法を収録。東日本大震災が日本に遺した教訓とは。悲劇を乗り越え、希望の未来を創りだす方法が綴られる。

1,600円

※表示価格は本体価格（税別）です。

大川隆法ベストセラーズ・宇宙時代の到来に向けて

「宇宙の法」入門

宇宙人とUFOの真実

あの世で、宇宙にかかわる仕事をしている6人の霊人が語る、驚愕の真実。宇宙から見た「地球の使命」が明かされる。

1,200円

ネバダ州米軍基地「エリア51」の遠隔透視

アメリカ政府の最高機密に迫る

特別装丁
函入り

ついに、米国と宇宙人との機密が明かされる。人類最高の「霊能力」が米国のトップ・シークレットを透視する衝撃の書。

10,000円

ダークサイド・ムーンの遠隔透視

月の裏側に隠された秘密に迫る

特別装丁
函入り

地球からは見えない「月の裏側」には何が存在するのか？ アポロ計画中止の理由や、2013年のロシアの隕石落下事件の真相など、驚愕の真実が明らかに！

10,000円

大川隆法シリーズ・**最新刊**

巨大出版社 女社長のラストメッセージ メディアへの教訓

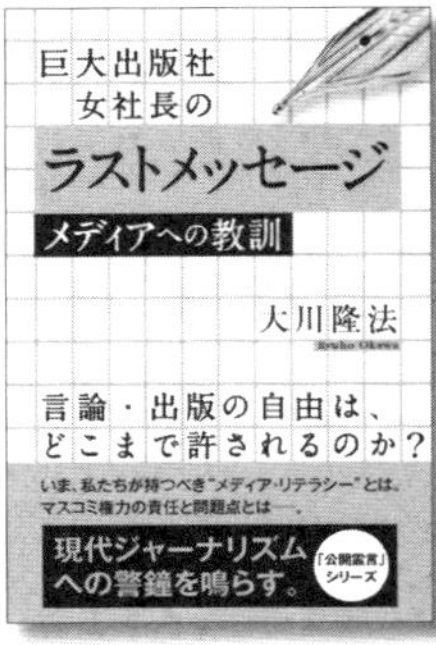

拡張の一途をたどってきた「言論・出版の自由」。売り上げ至上主義、正当化される個人への攻撃……。今、マスコミ権力の「責任」を検証する。

1,400円

されど、大東亜戦争の真実 インド・パール判事の霊言

自虐史観の根源にある「東京裁判」の真相は何だったのか。戦後70年、戦勝国体制の欺瞞を暴き、日本が国家の気概を取り戻すための新証言。

1,400円

赤い皇帝 スターリンの霊言

旧ソ連の独裁者・スターリンは、戦中・戦後、そして現代の米露日中をどう見ているのか。共産主義の実態に迫り、戦勝国の「正義」を糺す一冊。

1,400円

※表示価格は本体価格（税別）です。

新刊

スピリチュアル古事記入門（下巻）

大川咲也加　著

国造りを行った古代の天皇たちの願いとは？ 仏教受容のほんとうの意図とは？ 下巻では、神武天皇から日本武尊、聖徳太子までの歴史を解説。

1,300円

大川隆法の〝大東亜戦争〟論［上］

大川真輝　著

日本人が国を愛せない根本理由は、これで払拭される――。大川隆法著作シリーズから大東亜戦争を再検証し、「史観の大転換」を図る一書。【ＨＳＵ出版会刊】

1,300円

幸福実現党テーマ別政策集 1 「宗教立国」

大川裕太　著

「政教分離」や「民主主義と宗教の両立」などの論点を丁寧に説明し、幸福実現党の根本精神とも言うべき「宗教立国」の理念を明らかにする。【幸福実現党刊】

1,300円

大川隆法「法シリーズ」

智慧の法

法シリーズ
第21作

心のダイヤモンドを輝かせよ

現代における悟りを多角的に説き明かし、
人類普遍の真理を導きだす――。
「人生において獲得すべき智慧」が、
今、ここに語られる。
著者渾身の「法シリーズ」最新刊

2,000円

第１章　繁栄への大戦略
――一人ひとりの「努力」と「忍耐」が繁栄の未来を開く
第２章　知的生産の秘訣　――付加価値を生む「勉強や仕事の仕方」とは
第３章　壁を破る力　――「ネガティブ思考」を打ち破る「思いの力」
第４章　異次元発想法　――「この世を超えた発想」を得るには
第５章　智謀のリーダーシップ　――人を動かすリーダーの条件とは
第６章　智慧の挑戦　――憎しみを超え、世界を救う「智慧」とは

幸福の科学出版

※表示価格は本体価格（税別）です。

この地球《ほし》は、宇宙に必要か？
あなたを待ち受ける、
衝撃の〝宇宙体験〟
ベガ、プレアデス、
ダークサイド・ムーン――
ついに、地球人《あなた》は「宇宙人の秘密」を目撃する！
大川隆法 製作総指揮
長編アニメーション映画
UFO学園の秘密
The Laws of The Universe Part 0
製作総指揮・原案／大川隆法
監督／今掛勇　脚本／「UFO 学園の秘密」シナリオプロジェクト　音楽／水澤有一
総合プロデューサー／本地川瑞祥 松本弘司
総作画監督・キャラクターデザイン／今掛 勇　キャラクターデザイン／佐藤 陵　須田正己　美術監督／渋谷幸弘
VFX クリエイティブディレクター／粟屋友美子
キャスト／逢坂良太　瀬戸麻沙美　柿原徹也　金元寿子　羽多野渉
銀河万丈　仲野裕　千菅春香　藤原貴弘　白熊寛嗣　二又一成　伊藤美紀　浪川大輔
アニメーション制作／ HS PICTURES STUDIO　幸福の科学出版作品
©2015 IRH Press　配給／日活　配給協力／東京テアトル
UFO学園　検索
10月10日、全国一斉ロードショー！

幸福の科学グループのご案内

宗教、教育、政治、出版などの活動を通じて、地球的ユートピアの実現を目指しています。

宗教法人　幸福の科学

一九八六年に立宗。一九九一年に宗教法人格を取得。信仰の対象は、地球系霊団の最高大霊、主エル・カンターレ。世界百カ国以上の国々に信者を持ち、全人類救済という尊い使命のもと、信者は、「愛」と「悟り」と「ユートピア建設」の教えの実践、伝道に励んでいます。

（二〇一五年八月現在）

愛

幸福の科学の「愛」とは、与える愛です。これは、仏教の慈悲《じひ》や布施《ふせ》の精神と同じことです。信者は、仏法真理をお伝えすることを通して、多くの方に幸福な人生を送っていただくための活動に励んでいます。

悟り

「悟り」とは、自らが仏の子であることを知るということです。教学《きょうがく》や精神統一によって心を磨き、智慧《ちえ》を得て悩みを解決すると共に、天使・菩薩《ぼさつ》の境地を目指し、より多くの人を救える力を身につけていきます。

ユートピア建設

私たち人間は、地上に理想世界を建設するという尊い使命を持って生まれてきています。社会の悪を押しとどめ、善を推し進めるために、信者はさまざまな活動に積極的に参加しています。

国内外の世界で貧困や災害、心の病で苦しんでいる人々に対しては、現地メンバーや支援団体と連携して、物心両面にわたり、あらゆる手段で手を差し伸べています。

年間約３万人の自殺者を減らすため、全国各地で街頭キャンペーンを展開しています。

公式サイト **www.withyou-hs.net**

ヘレン・ケラーを理想として活動する、ハンディキャップを持つ方とボランティアの会です。視聴覚障害者、肢体不自由な方々に仏法真理を学んでいただくための、さまざまなサポートをしています。

公式サイト **www.helen-hs.net**

INFORMATION

お近くの精舎・支部・拠点など、お問い合わせは、こちらまで！

幸福の科学サービスセンター

TEL. 03-5793-1727 (受付時間 火〜金:10〜20時／土・日・祝日:10〜18時)

宗教法人 幸福の科学 公式サイト happy-science.jp

学部のご案内

人間幸福学部

人間学を学び、新時代を切り拓くリーダーとなる

人間の本質と真実の幸福について深く探究し、
高い語学力や国際教養を身につけ、人類の幸福に貢献する
新時代のリーダーを目指します。

経営成功学部

企業や国家の繁栄を実現する、起業家精神あふれる人材となる

企業と社会を繁栄に導くビジネスリーダー・真理経営者や、
国家と世界の発展に貢献する
起業家精神あふれる人材を輩出します。

未来産業学部

新文明の源流を創造するチャレンジャーとなる

未来産業の基礎となる理系科目を幅広く修得し、
新たな産業を起こす創造力と起業家精神を磨き、
未来文明の源流を開拓します。

未来創造学部

2016年4月
開設予定

時代を変え、未来を創る主役となる

政治家やジャーナリスト、ライター、俳優・タレントなどのスター、
映画監督・脚本家などのクリエーターを目指し、国家や世界の発展、
幸福化に貢献できるマクロ的影響力を持った徳ある人材を育てます。

キャンパスは東京がメインとなり、2年制の短期特進課程も新設します
（4年制の1年次は千葉です）。2017年3月までは、赤坂「ユートピア
活動推進館」、2017年4月より東京都江東区（東西線東陽町駅近く）
の新校舎「HSU未来創造・東京キャンパス」がキャンパスとなります。

教育

学校法人 幸福の科学学園

学校法人 幸福の科学学園は、幸福の科学の教育理念のもとにつくられた教育機関です。人間にとって最も大切な宗教教育の導入を通じて精神性を高めながら、ユートピア建設に貢献する人材輩出を目指しています。

幸福の科学学園

中学校・高等学校（那須本校）
2010年4月開校・栃木県那須郡（男女共学・全寮制）
TEL **0287-75-7777**
公式サイト **happy-science.ac.jp**

関西中学校・高等学校（関西校）
2013年4月開校・滋賀県大津市（男女共学・寮及び通学）
TEL **077-573-7774**
公式サイト **kansai.happy-science.ac.jp**

ハッピー・サイエンス・ユニバーシティ（HSU）
TEL **0475-32-7770**

仏法真理塾「サクセスNo.1」 TEL **03-5750-0747**（東京本校）
小・中・高校生が、信仰教育を基礎にしながら、「勉強も『心の修行』」と考えて学んでいます。

不登校児支援スクール「ネバー・マインド」 TEL **03-5750-1741**
心の面からのアプローチを重視して、不登校の子供たちを支援しています。
また、障害児支援の**「ユー・アー・エンゼル！」運動**も行っています。

エンゼルプランV TEL **03-5750-0757**
幼少時からの心の教育を大切にして、信仰をベースにした幼児教育を行っています。

シニア・プラン21 TEL **03-6384-0778**
希望に満ちた生涯現役人生のために、年齢を問わず、多くの方が学んでいます。

学校からのいじめ追放を目指し、さまざまな社会提言をしています。また、各地でのシンポジウムや学校への啓発ポスター掲示等に取り組む一般財団法人「いじめから子供を守ろうネットワーク」を支援しています。

公式サイト **mamoro.org**
相談窓口 **TEL.03-5719-2170**
ブログ **blog.mamoro.org**

政治

幸福実現党

内憂外患《ないゆうがいかん》の国難に立ち向かうべく、二〇〇九年五月に幸福実現党を立党しました。創立者である大川隆法党総裁の精神的指導のもと、宗教だけでは解決できない問題に取り組み、幸福を具体化するための力になっています。

党員の機関紙
「幸福実現NEWS」

TEL 03-6441-0754
公式サイト hr-party.jp

出版メディア事業

幸福の科学出版

大川隆法総裁の仏法真理の書を中心に、ビジネス、自己啓発、小説など、さまざまなジャンルの書籍・雑誌を出版しています。他にも、映画事業、文学・学術発展のための振興事業、テレビ・ラジオ番組の提供など、幸福の科学文化を広げる事業を行っています。

アー・ユー・ハッピー?
are-you-happy.com

ザ・リバティ
the-liberty.com

幸福の科学出版
TEL 03-5573-7700
公式サイト irhpress.co.jp

THE FACT

ザ・ファクト
マスコミが報道しない
「事実」を世界に伝える
ネット・オピニオン番組

Youtubeにて
随時好評配信中!

ザ・ファクト 検索

入会のご案内

あなたも、幸福の科学に集い、ほんとうの幸福を見つけてみませんか？

幸福の科学では、大川隆法総裁が説く仏法真理をもとに、「どうすれば幸福になれるのか、また、他の人を幸福にできるのか」を学び、実践しています。

入会

大川隆法総裁の教えを信じ、学ぼうとする方なら、どなたでも入会できます。入会された方には、『入会版「正心法語」』が授与されます。（入会の奉納は1,000円目安です）

ネットでも**入会**できます。詳しくは、下記URLへ。
happy-science.jp/joinus

三帰《さんき》誓願《せいがん》

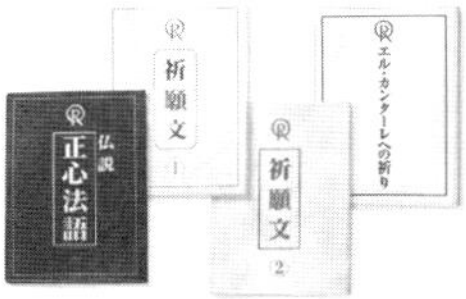

仏弟子としてさらに信仰を深めたい方は、仏・法・僧の三宝への帰依を誓う「三帰誓願式」を受けることができます。三帰誓願者には、『仏説・正心法語』『祈願文①』『祈願文②』『エル・カンターレへの祈り』が授与されます。

植福《しょくふく》の会

植福は、ユートピア建設のために、自分の富を差し出す尊い布施の行為です。布施の機会として、毎月1口1,000円からお申込みいただける、「植福の会」がございます。

「植福の会」に参加された方のうちご希望の方には、幸福の科学の小冊子（毎月1回）をお送りいたします。詳しくは、下記の電話番号までお問い合わせください。

月刊「幸福の科学」

ザ・伝道

ヤング・ブッダ

ヘルメス・エンゼルズ

INFORMATION
幸福の科学サービスセンター
TEL. 03-5793-1727（受付時間 火～金：10～20時／土・日・祝日：10～18時）
宗教法人 幸福の科学 公式サイト **happy-science.jp**